REGLEMENS ET USAGES DES CLASSES DE LA MAISON DE S. LOUIS ETABLIE A S. CYR.

A PARIS,
De l'Imprimerie de J. COLLOMBAT,
Imprimeur du Roy, & de
Madame la Dauphine.

M. DCC. XII.

TABLE

Des Reglemens & des Usages qui sont dans ce Livre.

L'ordre des Classes, l'usage des Maîtresses, & des Demoiselles.

Usage des Maîtresses des Classes.

Du rapport de la premiere Maîtresse avec differentes personnes.

Gouvernement.

Des Demoiselles qui portent le ruban noir.

Usage des Infirmieres des Demoiselles.

Du rapport de l'Infirmiere avec differentes personnes.

Fin de la Table.

Fautes à corriger.

PAge 37. *ligne* 7. qu'il est plus utile, *lisez*, qu'il est toujours plus utile

Page 41. *Article* IX. *ligne* 2. l'ordre de la Communauté *lisez*, l'ordre du jour de la Communauté.

Page 48. *Article* III. *ligne* 15. & même le font, *lisez*, & même elles le font.

Page 64. *Article* VII. *ligne* 11. facile à l'entretenir, *lisez*. facile à contenir.

Page 75. *Article* X. *ligne* 11. Classes ne sont, *lisez*, Classes n'y sont.

Page 77. *ligne* 3. le feminin le masculin, *lisez*, le feminin & le masculin.

Page 85. *Article* XXII. *ligne* 9. elles ne peuvent y penser, *lisez*, elles ne peuvent le faire.

Page 88. *Article* VII. *ligne* 3. que l'on leur, *lisez*, qu'on leur.

Page 105. *Article* XXXIV. *dernier mot*, pouvez, *lisez*, pourra.

Page 106. *Article* XXXVI. *ligne* 3. qui ne pourroient, *lisez*, qui ne pourront.

Page 114. *ligne premiere*, former & veiller, *lisez*, former & à veiller.

Page 138. *Article* II. *ligne derniere*, elles en, *lisez*, elle les en.

Page 144. *ligne premiere*, pas encore venuë, *retranchez* encore, *& lisez*, pas venuë.

Dans la même page, *Article* II. *ligne derniere*, e forme, *lisez*, ne forme.

Page 150. *Article* IX. *ligne* 2. de noblesse, *lisez* de la noblesse.

Page 167. *Article* VI. *ligne derniere*, sa premiere, *lisez*, sa premiere Maîtresse

Page 170. *Article* III. *ligne* 2. que tres-rarement, *lisez*, que rarement.

A tous les mots imprimez, Refectuire, *lisez*, Refectoir.

ORDRE

ORDRE DES CLASSES DE SAINT CYR.

I.

L y a deux cens cinquante Demoiselles, partagées en quatre Classes, & distinguées par quatre couleurs differentes.

II.

On les partage selon la taille, pour la décoration du Chœur qui est tres-agréable.

III.

On distingue les quatre classes par petites ou grandes; il y en a deux qu'on appelle les grandes

Classes, & les autres petites Classes.

IV.

On donne pour marque de distinction un ruban noir, à celles des grandes classes dont on est le plus content : le nombre en est d'ordinaire de vingt ; elles aident dans les charges de la Maison ; on leur confie quelquefois les Demoiselles, & elles vont seules, ce qui est absolument défendu aux autres.

V.

Madame de Maintenon donne aussi un ruban couleur de feu à celles des deux grandes classes, dont les premieres Maîtresses luy rendent un bon témoignage ; celles-là vont aussi seules par la Maison : elles sont au nombre de huit ou dix ; mais on ne leur confie que les Demoiselles des deux petites classes.

VI.

Quand on donne le ruban noir à celles-là, elles quittent le ruban couleur de feu.

VII.

Il y a une Demoiselle du ruban noir à chacune des deux grandes classes ; il y en a deux à chacune des deux petites.

VIII.

Ces filles à ruban noir couchent dans les Dortoirs des Demoiselles, & sont employées pour le service des classes, selon l'ordre des premieres Maîtresses : elles dépendent pour leur conduite particuliere de la Maîtresse generale, laquelle les change environ tous les trois mois.

IX.

Il y a encore dans chacune des deux petites classes, deux filles à ruban couleur de feu : elles couchent comme les Demoiselles du ruban noir, dans les Dortoirs, sont employées de même par les premieres Maîtresses des classes, & dépendent pour leur conduite particuliere de la Maîtresse de la classe dont elles sont : Madame de Maintenon les change aussi de temps en temps, comme elle le juge à propos.

X.

Chaque classe a une Sœur Converse pour la servir, & ce sont des Professes qu'on met aux deux grandes classes : on peut mettre de simples Sœurs aux deux petites : ces filles sont aux ordres des premieres Maîtresses de la classe ; couchent dans les Dortoirs ; & sont pour leur conduite particuliere sous la Maîtresse des Sœurs.

XI.

Il y a pour chaque classe quatre Dames de S. Loüis: on peut dans la necessité y mettre quelque personne du Noviciat.

XII.

Toutes les classes sont partagées par bandes ou familles, de huit ou dix chacune : elles sont à des tables separées.

XIII.

On fait dans chaque classe cinq, six, sept bandes, selon le nombre des Demoiselles, qui diminuë quelquefois par les maladies.

XIV.

On met à ces bandes trois Demoiselles des plus sages, l'une en qualité de Chef ou Mere de famille, l'autre est aide, & l'autre est Suppléante : elles ont toutes quelques marques qui les distinguent des autres : la qualité essentielle de ces filles, sur tout du Chef, est la fidelité pour rendre compte à la premiere Maîtresse : on tâche d'y joindre l'intelligence, & d'y mettre les plus âgées.

XV.

Les bandes demeurent separées par tout, si ce n'est au Chœur où chaque Demoiselle reprend le rang de sa taille.

XVI.

Les bandes ne se mêlent jamais si la Maîtresse ne l'ordonne; ce qui arrive tres-rarement.

XVII.

On va par famille devant le S. Sacrement quand il est exposé.

XVIII.

On va autant qu'il se peut par

famille aider dans les charges.

XIX.

C'eſt une famille qui fournit les ſerveuſes & les lectrices des Refectoires des Demoiſelles & des Sœurs Converſes.

XX.

C'eſt par famille qu'on fait les lectures de la claſſe tour à tour.

XXI.

Ce ſont les familles tour à tour qui ont ſoin du feu, d'ouvrir la porte, les fenêtres, &c.

XXII.

Le Chef ou Mere de famille eſt chargée de tout ce qui la regarde, comme des livres, papiers, ouvrages, &c.

XXIII.

Elle ſe ſert de ſon Aide & de ſa Suppléante pour apprendre le Catéchiſme, à lire, écrire, compter, travailler à celles qui ne le ſçavent pas : elle ſe ſert encore de quelques-unes de la bande, ſi elle en a d'avancées dans ces exercices, & elle regarde de temps en temps le progrés de ſes filles, pour en rendre compte à la Maîtresse de la classe qui en est chargée.

XXIV.

Par ce moyen ce sont les Demoiselles les plus sages & les plus avancées qui instruisent les nouvelles venuës, & les Dames de S. Loüis veillent sur leur conduite, pour voir si elle est fidéle, & s'il n'y a aucune Demoiselle négligée.

XXV.

Il n'y a que les Chefs qui reprennent les fautes, l'Aide & la Suppléante ne le font qu'en l'absence les unes des autres.

PREMIERE MAISTRESSE.

I.

ELle est chargée de toute la classe, tant pour le spirituel que pour le temporel.

II.

Elle partage les soins de la classe entre les autres Maîtresses, selon le talent de chacune.

III.

Elle préside dans la classe.

IV.

C'est elle qui donne les dispenses & les permissions extraordinaires.

V.

C'est elle seule qui fait les punitions, & qui donne les récompenses.

VI.

Elle parle à ses filles en particulier le plus souvent qu'elle peut, & c'est par-là qu'elle les connoît & qu'elle les conduit.

VII.

Elle leur parle d'ordinaire quand elles vont à confesse, pour leur donner ses avis selon leurs besoins.

VIII.

Elle se mêle de l'ouvrage, comme d'une partie de l'éducation des filles.

IX.

C'est elle qui separe les familles tous les trois mois, & qui continuë ou change les Chefs, les Aides & les Suppléantes, selon qu'elle le juge à propos.

X.

C'eſt elle qui regle la matiere des inſtructions.

XI.

C'eſt elle qui marque les lectures, & n'en fait faire aucune qu'elle ne connoiſſe.

XII.

C'eſt ſur ſon témoignage qu'on donne le ruban noir, & le ruban couleur de feu.

XIII.

C'eſt elle qui juge du beſoin d'envoyer les Demoiſelles à l'Infirmerie.

XIV.

Elle a une clef de tous les Dortoirs, pour y faire la viſite quand elle veut.

LES MAITRESSES subalternes.

I.

Elles travaillent conjointement avec la premiere, tâchant de prendre son esprit, de gouverner selon ses maximes, & de ne rien faire qu'avec dépendance.

II.

Elles doivent se soûtenir les unes les autres, parlant autant qu'il se peut le même langage : elles ont la même fin, & doivent prendre les mêmes moyens.

III.

Elles s'acquitteront le mieux qu'elles pourront des soins particuliers, dont la premiere Maîtresse les aura chargez.

IV.

Elles luy en rendront compte quand elle le voudra.

V.

Elles ne recevront aucune confiance des Demoiselles, & les renvoyeront de bonne foy à la premiere.

VI.

Elles ne souffriront jamais que les Demoiselles les préferent les unes aux autres ; mais elles les porteront par leurs discours & par leur conduite à se confier à la premiere Maîtresse, & à aimer les autres également.

VII.

Elles présideront dans la classe dans l'absence de la premiere Maîtresse, feront observer l'ordre du jour, donneront les permissions communes ; mais elles ne feront rien d'extraordinaire sans la premiere Maîtresse.

VIII.

Du reste leur fonction est d'aller de bande en bande, semant toujours, reprenant continuellement, doucement, raisonnablement, & briévement.

IX.

Elles leur apprennent tout ce qu'elles doivent sçavoir.

X.

Elles leur expliquent ce qu'elles n'entendent pas.

XI.

Elles doivent se donner de bonne foy au travail des classes, mais avec liberté, allant aux tables sans contrainte & sans effectation, y demeurant plus ou moins selon le bien qu'elles y feront, & y employant tout ce que Dieu leur a donné d'esprit, de talent & d'adresse pour conduire les filles à la fin de l'Institut, qui n'a été étably que pour en faire de bonnes Chrétiennes, & des personnes raisonnables.

XII.

Elles peuvent interrompre à ces tables l'exercice qui se fait dans la classe, comme l'ortographe, l'arithmetique, apprendre par cœur; pour peu qu'elles trouvent l'occasion de dire quelque chose de plus utile, elles le pourront même quelquefois pour égayer les Demoiselles.

ORDRE DE LA JOURNE'E DES DEUX GRANDES CLASSES.

I.

LEs Demoiselles se levent à six heures; on les éveille en leur disant: Donnez votre cœur à Dieu; & on leur porte de l'Eau benite.

II.

Elles s'habillent en silence aprés avoir adoré Dieu.

III.

A sept heures la priere.

IV.

Un quart d'heure d'oraison.

V.

Le déjeûner.

VI.

A ſept heures trois quarts elles vont à la Meſſe.

VII.

Aprés la Meſſe elles remontent à leur claſſe, ſe mettent aux tables, & prennent leur ouvrage.

VIII.

Elles s'occupent à apprendre quelque choſe par cœur, juſqu'à neuf heures & demie.

IX.

Les Demoiſelles de la claſſe jaune, qui ont encore beſoin d'apprendre à lire, écrire, compter, s'occupent de ces exercices.

X.

A neuf heures & demie toutes apprennent le Plein-chant.

XI.

A dix heures une lecture courte, ſuivie du profond ſilence, juſqu'à onze heures.

XII.

A onze heures, au Refectoire.

XIII.

La recreation juſqu'à une heure; elles y travaillent ordinairement en joüant à de petits jeux d'esprit, qui ont quelque utilité, ou du moins qui sont innocens.

XIV.

A une heure une lecture interrompuë par l'instruction, si la Maîtresse ne la veut remettre à quatre heures.

XV.

A deux heures apprendre quelque chose par cœur, jusqu'à la demie, pour fournir à la repetition du Dimanche.

XVI.

A la demie, le profond silence.

XVII.

A trois heures causer ensemble, pour apprendre à le faire raisonnablement.

XVIII.

A la demie chanter des Cantiques.

XIX.

A quatre heures l'instruction, si elle n'a pas été faite à une heure, ou le profond silence.

XX.

A la demie une courte lecture,

qui serve de sujet à la Meditation, qui se fait en travaillant.

XXI.

A cinq heures Vêpres.

XXII.

A six heures le souper.

XXIII.

La recreation ensuite.

XXIV.

A huit heures la priere, le coucher avant neuf heures ; on porte de l'Eau-benite.

LES DIMANCHES.

I.

LE lever & le reste jusqu'aprés la Messe comme à l'ordinaire, elles entendent l'explication de l'Evangile.

II.

Au sortir du Chœur elles s'en entretiennent par bandes, ou font telle autre chose qu'il plaît à la Maîtresse.

III.

III.

Elles vont à la Messe de dix heures.

IV.

A onze heures le dîner.

V.

La recreation jusqu'à deux heures ; elles jouënt à des jeux innocens, comme jonchets, volans, dames, échets, &c, ou vont se promener.

VI.

A deux heures elles repetent ce qu'elles ont appris pendant la semaine, à moins que la Maîtresse ne prescrive autre chose.

VII.

Ces repetitions se font devant toute la classe, & chaque bande fournit quelque chose de different.

VIII.

A trois heures Vêpres.

IX.

Aprés Vêpres elles se recréent jusqu'à cinq heures.

X.

Depuis cinq heures jusqu'à six

elles font quelques prieres vocales, écoutent une lecture, & font l'oraison.

XI.

Le reste comme les autres jours.

XII.

L'ordre de la journée des Fêtes est le même que celuy des Dimanches, excepté qu'au lieu d'entendre l'explication de l'Evangile au Chœur, on leur lit l'Epitre & l'Evangile, surquoy la Maîtresse parle si elle veut.

Le reste du temps jusqu'à la Messe de dix heures, est employé ou à faire une lecture par famille, ou à apprendre quelque chose d'utile, ou à repeter les ceremonies, ou telle autre chose que la Maîtresse ordonne.

ORDRE DU JOUR DES DEUX PETITES CLASSES.

I.

ELles se levent à six heures, adorent Dieu, comme il est marqué, & font le Catéchisme en s'habillant.

II.

Ensuite la priere & le déjeûner.

III.

La Messe à huit heures.

IV.

Au sortir de la Messe elles se mettent à leurs tables pour écrire.

V.

A neuf heures & demie elles apprennent à lire; celles qui ne lisent pas travaillent.

VI.

A dix heures on apprend quelque chose d'utile.

VII.

A la demie le profond silence.

VIII.

Le dîner à onze heures.

IX.

La recreation jusqu'à une heure, qu'elles font en travaillant quand on ne va pas au jardin; & elles joüent à des yeux utiles ou innocens.

X.

A une heure une lecture expliquée.

XI.

A la demie le profond silence.

XII.

A deux heures apprendre à lire.

XIII.

A deux heures & demie l'instruction.

XIV.

A trois heures la collation, en apprenant à compter, ou l'Orcographe.

XV.

A la demie, chanter des Cantiques.

XVI.

A quatre heures, le Catéchisme.

XVII.

A la demie visiter l'ouvrage, en parlant de choses utiles.

XVIII.

Du reste comme les grandes pour Vêpres, le souper, la recréation, la priere, & le coucher.

EDUCATION des Demoiselles.

I.

L'Education est chrétienne, raisonnable & simple.

II.

On les instruit de la religion, & on tâche de leur inspirer une pieté solide, accommodée aux differens états où il plaira à Dieu de les appeller.

III.

On les éleve en seculieres, bonnes chrétiennes, sans exiger d'elles les pratiques Religieuses.

IV.

On leur donne une grande estime pour le Catéchisme.

V.

On leur inspire un grand respect pour le saint Siege, pour les Evêques, & pour tous les Ministres de Jesus-Christ.

VI.

On leur enseigne qu'il n'y a rien de si important sur la terre que la reception des Sacremens.

VII.

On leur inspire particulierement l'horreur du peché, la pratique de la présence de Dieu, la docilité, & une grande modestie.

VIII.

On leur forme autant qu'on le peut une conscience simple, droite & ouverte.

IX.

Elles ne lisent de l'Ecriture Sainte que le Nouveau Testament.

X.

On les reduit à un tres-petit nombre de Livres.

XI.

On évite tout ce qui pourroit trop exciter leur esprit & leur curiosité.

XII.

On veut qu'elles parlent & écrivent simplement.

XIII.

On ne leur laisse ny lettres, ny manuscrit, ny bons, ny mauvais.

XIV.

On fait tout ce qu'on peut pour les rendre silencieuses & laborieuses.

XV.

On leur inspire l'horreur du monde, sans vouloir les contraindre à être Religieuses ; mais on leur explique les avantages de cette condition.

XVI.

On les instruit des devoirs des femmes du monde, & de tous les états où elles pourront se trouver.

XVII.

Elles sont toutes traitées également, il n'y en a pas une de negligée.

XVIII.

On ne les distingue que par la sagesse, sans égard au plus ou moins de naissance, ny aux protections qu'elles pourroient avoir, ny aux agrémens naturels.

XIX.

On les rend simples & ingénuës à tout dire, en les reprenant avec raison & douceur.

XX.

On essaye toujours de la douceur, avant de venir à la rigueur.

XXI.

On diversifie leurs instructions, on les fait courtes, parce qu'elles sont frequentes; on les égaye souvent.

XXII.

On se sert de tout jusques dans les jeux pour former leur raison.

XXIII.

On tâche de les rendre franches, simples, genereuses, sans finesse, sans mystere, sans respect humain, voulant bien que toutes

toutes voyent que celles qui sont chargées des autres, avertissent les Maîtresses de tout.

USAGES DES MAISTRESSES DES CLASSES.

Ce qui est commun aux quatre Maîtresses.

I.

ELles lisent l'usage des Classes, & l'observent pour garder l'uniformité.

II.

Elles ne font rien qui puisse détourner de la vigilance continuelle qu'il faut avoir à l'égard des Demoiselles, soit dans la Classe, soit dans les Dortoirs; elles ne sont pas même dispensées de cette veille pendant la nuit ; c'eſt pour cela qu'elles couchent dans les Dortoirs des Demoiſelles, & qu'elles ſe levent quelquefois la nuit pour y faire la viſite.

III.

Elles ne ſouffrent pas que les Demoiſelles s'éloignent de la vûë des Maîtreſſes, ny au jardin, ny ailleurs.

IV.

Elles ont une attention particuliere à tout ce qui peut conſerver la taille des Demoiſelles.

V.

Comme on ne peut bien élever les Demoiſelles qu'en entrant dans leurs exercices, & même dans leurs divertiſſemens, en prenant occaſion de tout pour former leur raiſon, les Maîtreſſes ne gardent à l'égard des Demoiſelles que le grand ſilence, & celuy qui convient aux exercices de la Claſſe ; mais elles évitent de ſe parler entr'elles ſans neceſſité.

VI.

Comme deux Maîtresses suffisent pour garder les Demoiselles, dans le temps qu'on ne pourroit parler aux bandes sans interrompre l'exercice commun ; sur tout le profond silence, quand on fait ces exercices dans un temps où les quatre Maîtresses devroient s'occuper des Demoiselles, deux d'entre elles peuvent sortir de la Classe, pour vacquer à leurs soins, principalement la premiere Maîtresse qui a besoin de temps pour parler à ses filles : elles peuvent aussi aller à la Communauté, si par extraordinaire elle s'assembloit dans ce temps-là.

VII.

Elles font attention à ne pas prendre leur jour de retraite du mois dans le temps qu'il est permis aux parens des Demoiselles de les venir voir : lorsque c'est à leur Classe à fournir des Maîtresses pour les garder au Parloir, elles ne le prennent point non plus dans les autres occasions où elles seroient necessaires à leur Classe.

VIII.

Pour la retraite annuelle une Suppléante vient tenir leur place à la Classe la nuit & le jour.

IX.

Chaque Classe fournit deux jours de suite une Maîtresse, pour garder le second Refectoire des Demoiselles: celles de la classe bleuë commencent le Dimanche & le Lundy, les autres suivent de même, excepté que celles de la Classe rouge ne gardent que le Samedy.

X.

Pendant les jours destinez pour la visite des parens des Demoiselles, les Classes fournissent tour à tour pendant deux jours une Maîtresse pour garder le Parloir.

XI.

La Maîtresse qui garde le Parloir, observe ce qui est prescrit aux auditrices du Parloir de la Communauté, en ce qui peut convenir aux Demoiselles ; elle peut répondre succintement à ce qu'on demande, sans entrer en conversation ; elle peut permettre aux Demoiselles de parler bas à leurs peres & meres.

XII.

Les jours de Confession de chacune des Classes, une Maîtresse garde les Demoiselles aux Confessionnaux ; & dans les temps qu'elles sont au Chœur, elle en retient un nombre suffisant pour éviter d'en faire sortir.

XIII.

Ce sont ordinairement les Maîtresses de Communauté qui font toutes les fonctions du dehors qui ont rapport aux Classes ; comme garder les Demoiselles au Parloir, aux Confessionnaux, &c. à moins que la premiere Maîtresse n'en dispose autrement.

XIV.

A la fête de Noël les Maîtresses des petites Classes ne vont point à la Messe de minuit, non plus que les Demoiselles du ruban noir, & la Sœur Converse qui y couche, parce qu'elles doivent garder les Demoiselles;& les portes du Dortoir se ferment & s'ouvrent aux heures ordinaires : les Maîtresses peuvent prier Dieu dans les Dortoirs pendant une heure.

XV.

Les Maîtresses des grandes Classes qui ont été à la Messe de minuit, pourront ne se lever le matin qu'à sept heures, & ne faire leur Oraison qu'à sept heures & demie.

XVI.

Les Maîtresses ne devant point quitter les Demoiselles, elles ne vont point devant le saint Sacrement la nuit du Jeudi Saint; elles peuvent prier Dieu dans les Dortoirs pendant une heure.

Ce qui est particulier aux Maîtresses subalternes.

I.

ELles sont chargées chacune du Dortoir où elles couchent ; elles y font leur Oraison le matin.

II.

La seconde Maîtresse fait tous les soirs la visite dans tout l'étage d'en haut, pour prévenir les accidens du feu & autres ; elle ferme les portes du Dortoir, observant de fermer à double tour celles qui communiquent au dehors, dont elle garde la clef : les clefs des autres Maîtresses subalternes & de la Sœur Converse ne ferment qu'à un tour.

III.

Les Maîtresses tiennent la main que les Demoiselles soient soigneuses de raccommoder leurs habits, & de tenir leurs hardes, leurs coffres, &c. dans une grande propreté.

IV.

Elles font attention à la maniere dont les Demoiselles se lassent, & leur font éviter avec soin tout ce qui pourroit nuire à leur taille.

V.

Elles tâchent de contenir les Demoiselles dans une grande modestie, & en silence dans les Dortoirs.

VI.

Elles ne prêtent aucun Livre aux Demoiselles, si ce n'est l'Imitation.

VII.

Si elles veulent se servir de quelques Demoiselles pour faire leur lecture ou leur catéchisme, elles s'informent de la premiere Maîtresse s'il n'y a point d'inconvenient.

VIII.

Elles ne s'absentent point de la Classe pendant les heures où elles y doivent être, sans la permission de la Superieure, & sans en avertir la premiere Maîtresse.

IX.

Elles ne sont point comptées absentes de la Classe lorsqu'elles sont occupées pour les Demoiselles; comme, par exemple, pour les garder au Parloir ou aux Confessionnaux.

X.

Lorsqu'elles voyent faire des fautes aux Demoiselles du ruban noir, ou aux filles de Madame de Maintenon, si ces fautes se font par rapport à la Classe, elles en avertissent la premiere Maîtresse; mais si ces fautes ne regardent que leur conduite particuliere, elles en avertissent la personne qui en est chargée; elles observent la même chose à l'égard de la Sœur Converse de la Classe.

De celle qui préside en l'absence de la premiere Maîtresse.

I.

EN l'absence de la premiere Maîtresse c'est ordinairement la seconde qui préside, & ainsi des autres, selon le rang qu'elles tiennent à la Classe: une Suppléante ne peut présider sans la permission de la Superieure.

II.

La Maîtresse qui préside en l'absence de la premiere, donne les dispenses & les permissions ordinaires.

III.

Elle peut faire faire les exercices au jardin les Fêtes & les Dimanches.

IV.

Elle peut aussi à d'autres jours y faire passer certains temps vuides qui restent quelquefois entre un exercice du Chœur, & l'heure d'aller au Refectoire, & qui sont trop courts pour prendre l'ouvrage.

V.

Elle peut aussi les y mener entre la Priere du Matin & la Messe, sans neanmoins leur permettre de se recréer.

VI.

Elle peut encore remplir de certains temps vuides qui se rencontrent quelquefois dans le cours de la journée, comme depuis onze heures jusqu'à l'heure qu'on va au Refectoir, les jours de jeûne faisant ou chanter, ou garder le profond silence, quand la premiere Maîtresse n'a rien prescrit.

VII.

Quand la Maîtresse generale des Classes envoye querir des Demoiselles pour aller aider dans les offices, la Maîtresse qui préside y envoye : comme il arrive rarement qu'on demande des Demoiselles des petites Classes, elle n'en donneroit pas sans l'envoyer demander à la premiere Maîtresse.

VIII.

Elle peut donner des Demoiselles à la Maîtresse du Chœur, pour les fonctions ordinaires.

Des Suppléantes.

I.

COmme le devoir essentiel des Religieuses de S. Loüis est l'éducation des Demoiselles.

celles qui ſont nommées Sup-pléantes aux Claſſes, y doivent faire ceder leur employ particu-lier dès qu'on les y demande.

II.

Elle n'y font que la fonction d'une Maîtreſſe ſubalterne, quand même ce ſeroit à la pre-miere Maîtreſſe qu'elles Supplé-roient, à moins que la Superieu-re n'en ordonnât autrement; elles n'y font point d'inſtruc-tions, à moins que la premiere Maîtreſſe ne les en prie.

III.

Elles s'occupent des Demoiſel-les avec autant d'application & de zele que les autres Maîtreſſes, ſe ſervant utilement de leurs ta-lens, & mettant tout à profit pour former la raiſon des De-moiſelles, & leur inſpirer le Chriſtianiſme, ſans entrer dans leur conduite particuliere.

IV.

On peut prendre les Suppléan-tes nommées par la Superieure, ſans luy en demander la permiſſion chaque fois, pourvû que ce ſoit pour les beſoins de la Claſſe, ou pour donner aux Maitreſſes le temps de faire leurs exercices d'obligation ; obſervant de ne les prendre que pour de vrayes neceſſitez ; parce qu'il eſt plus utile aux Demoiſelles qu'elles ayent leurs Maîtreſſes, que des Suppléantes.

V.

C'eſt à la Maîtreſſe generale que l'on doit s'adreſſer quand on manque de Suppléante.

VI.

Si dans les temps que les quatre Maîtreſſes doivent être à la Claſſe, une d'entr'elles étoit obligée de s'en abſenter, on envoyeroit querir la Suppléante ; à moins qu'il ne reſtât plus qu'une demie heure du temps qu'elle auroit dû demeurer à la Claſſe.

VII.

Si dans les temps où il n'y a que deux Maîtreſſes à la Claſſe, une d'entr'elles étoit obligée de s'en abſenter ; elle attendroit qu'une Suppléante fût venuë à sa place; parce qu'il ne doit pas rester moins de deux Maîtresses pour garder les Demoiselles; & même si celle qui resteroit pour lors à la Classe étoit une Suppléante, ou une personne qui ne seroit pas suffisante pour contenir les Demoiselles, une Maîtresse de la Classe viendroit suppléer à celle qui en seroit retirée.

VIII.

Si une Maîtresse de jour devoit rester au bas du Chœur pour faire quelques fonctions qu'elle ne pourroit faire à sa place, une Maîtresse de Communauté en changeroit avec elle; mais si une Maîtresse de jour ne pouvoit aller en rang, la Suppléante prendroit la place de la Maîtresse subalterne, quand même ce seroit pour la premiere qu'elle suppléeroit.

IX.

Celle qui supplée pour une Maîtresse qui découche des Dortoirs des Demoiselles, y vient coucher à sa place, quand ce ne seroit que pour une nuit.

Ordre de journée des Maîtresses.

I.

LA premiere & la seconde Maîtresse se partagent chacune avec une des deux Maîtresses subalternes, pour assister alternativement de deux jours l'un aux exercices de Communauté, pendant que les deux autres gardent les Demoiselles.

II.

Celles qui vont aux exercices de Communauté, s'appellent les Maîtresses de Communauté; celles qui gardent les Demoiselles s'appellent Maîtresses de jour.

III.

Ce sont ordinairement les Maîtresses de Communauté qui vont aux assemblées Capitulaires, Conferences, &c.

Pour les Maîtresses qui suivent la Communauté.

I.

ELles commencent dès la veille à cinq heures du soir, à suivre les exercices de la Communauté.

II.

Elles peuvent faire leur oraison ou leur lecture pendant le Catéchisme du Chœur.

III.

Les Dimanches & les Fêtes elles commencent à être de Communauté à quatre heures trois quarts, & même dès la demie, s'il y a Salut, afin d'avoir le temps de faire leur lecture.

IV.

Elles assistent à l'Oraison avec la Communauté les jours qu'on la fait plus tard qu'à quatre heures & demie.

V.

Elles vont au Refectoire de la Commu-

Communauté, & à la recreation.

VI.

A huit heures elles vont prendre les Demoiselles, & les gardent jusqu'au lendemain vers sept heures.

VII.

Elles vont aux petites heures, à la Messe & à Nones, avec la Communauté.

VIII.

Depuis neuf heures jusqu'à dix heures & demie, elles s'occupent des Demoiselles.

IX.

Depuis dix heures & demie jusqu'à deux, elles suivent l'ordre de la Communauté, employant utilement l'intervalle entre l'obéïssance & deux heures, soit pour la Classe, soit pour leurs besoins; elles ne doivent pas oublier d'avancer leur lecture d'obligation.

X.

A deux heures elles reviennent à la Classe, & s'occupent des Demoiselles jusqu'à trois heures & demie.

XI.

Depuis trois heures & demie jusqu'à cinq, elles ſuivent les exercices de la Communauté.

XII.

Les jours de jeûnes comme tous les exercices ſont retardez d'une demie heure, elles ne remontent à la Claſſe qu'à deux heures & demie, & n'en ſortent qu'à quatre heures.

XIII.

Les jours que l'Oraiſon de la Communauté eſt retardée, elles avancent la leur; elles ont la liberté de prendre une demie heure ſur le temps de l'aſſemblée, pour faire leur oraiſon ces jours-là; & les trois mois d'hyver que les petites Claſſes ne vont pas à Vêpres, elles peuvent prendre auſſi du temps ſur l'aſſemblée pour dire leur Office.

XIV.

Les Dimanches & les Fêtes elles ne ſont pas obligées de remonter à la Claſſe pendant la journée.

XV.

Elles ont la même liberté les trois derniers jours de la Semaine Sainte, à commencer depuis l'aprés-dîner du Mercredy Saint, jusqu'au Samedy Saint l'aprés-dîner ; elles donnent seulement une demie heure à celles qui sont de jour.

XVI.

Toutes les fois que la Communauté monte vers la grille, pour une ceremonie ou conference, une des Maîtresses de Communauté de chaque Classe reste au bas du Chœur pour veiller & contenir les Demoiselles.

Pour les Maîtresses de jour à la Classe.

I.

ELles commencent dès la veille à cinq heures du soir à suivre les Demoiselles, jusqu'au lendemain à la même heure.

II.

Les Dimanches & les Fêtes, & certains jours que l'Oraiſon de la Communauté ne commence qu'à quatre heures trois quarts, elles prennent leur jour un quart d'heure plutôt qu'à l'ordinaire; elles le commencent même dès quatre heures & demie les Dimanches & les Fêtes qu'il y a Salut.

III.

Elles accompagnent les Demoiſelles par tout, & mangent même à leur Refectoire.

IV.

Elles font au Chœur les mêmes ceremonies que les Demoiſelles, comme de demeurer debout jusqu'au ſignal, être tournées en face, &c.

V.

Elles ne ſe mettent point ſur les bancs des Demoiſelles; mais dans les chaiſes deſtinées aux Maîtreſſes.

VI.

A deux heures & demie elles

prennent une demie heure pour faire leur Oraison, ou leur lecture; les jours de jeûne elle est retardée d'une demie heure.

VII.

Elles ont ordinairement une heure de libre le Samedy dans la matinée, pour aller à Confesse, ou pour leurs besoins.

VIII.

Celles qui ont à aller à Confesse le Mercredy, pourront prendre pour cela une demie heure sur le temps qu'il doit y avoir quatre Maîtresses à la Classe.

IX.

Les trois jours de retraite qui précedent la Présentation, elles pourront assister à l'Oraison que la Communauté fait d'extraordinaire le matin & l'aprés-dîner.

X.

Les jours ouvriers qu'il y a exposition du saint Sacrement, elles peuvent prendre une demie heure pour y assister, sur le tems que les quatre Maîtresses doivent être à la Classe: celles des grandes Classes prennent le temps qu'elles y doivent garder les Demoiselles.

Ce qui est particulier à la premiere Maîtresse.

I.

COmme elle n'a point de Dortoirs à garder, elle est libre d'employer le temps que les Demoiselles y sont pour ses besoins, ou pour ceux de la Classe.

II.

Il luy est permis d'avancer sa lecture, son Catéchisme, & même de changer l'heure de son Oraison, quand elle ne doit point assister à celle de Communauté, afin de ménager le temps dont elle a besoin pour parler en particulier à ses filles, & s'acquiter de ses autres devoirs.

III.

Elle peut supprimer & transposer les exercices de la Classe, même changer l'ordre du jour pour faire faire certaines journées de travail ou de recreation, selon qu'il convient pour l'utilité de la Classe, pourvû qu'elle n'innove rien, & qu'elle rentre dans l'ordre ordinaire, quand les raisons qu'elle avoit d'en sortir n'ont plus de lieu.

DU RAPPORT de la premiere Maîtresse avec differentes personnes.

A la Superieure.

I.

ELle rend compte de temps en temps à la Superieure de l'état de sa Classe pour le spirituel, & du progrés des Demoiselles dans les exercices.

II.

Elle luy montre le plan de ses familles, & celuy des filles quelle destine pour monter d'une Classe à l'autre.

III.

Les Maîtresses des grandes Classes luy marquent aussi les Demoiselles qu'elles ont dessein de présenter à la Maîtresse generale pour avoir le ruban noir, & celles qu'elles jugent dignes d'être admises au nombre des filles de Madame de Maintenon : c'est la Superieure qui donne le ruban de distinction à ces dernieres, & les Maîtresses prennent ses ordres pour les placer ; elles l'informent aussi de la vocation des filles qui approchent de dix-huit ans, & même le font plutôt pour celles qui ont vocation pour la Maison.

IV.

Vers la fin de l'année elle donne à la Superieure un état de sa Classe, où elle marque le nombre des filles qui la composent, leurs dispositions pour la pieté, l'esprit qui regne parmi elles, où elles en sont pour l'instruction & pour l'ouvrage : celles des petites Classes ajoûtent l'état de

leurs

leurs filles sur leurs exercices.

Rapport à la Maîtresse generale des Classes.

I.

QUand les Demoiselles aprochent de leur vingtiéme année, elle informe la Maîtresse generale du parti qu'elles veulent prendre.

II.

Elle luy parle de temps en temps de celles qu'elle destine pour être admises au nombre des Demoiselles du ruban noir.

III.

C'est à la premiere Maîtresse à avertir la Maîtresse generale, lorsqu'il se fera quelque chose à l'égard des Demoiselles qui ne sera pas bien, comme pour la nourriture, le linge & les habits.

IV.

Elle ne laissera pas manquer toute une Classe aux exercices publics, sans en avertir la Maîtresse generale.

V.

Elle peut s'adresser directement aux Officieres pour les choses communes & reglées ; mais pour tout ce qui est extraordinaire, il passe par la Maîtresse generale.

VI.

Elle ne permet point aux Demoiselles de sa Classe d'aller aider dans les Offices, à moins que la Maîtresse generale n'ait permis aux Officieres d'en demander.

VII.

Il faut aussi la permission de la Maîtresse generale pour imposer des penitences publiques aux grandes Classes, excepté celles qui n'ôtent point les Demoiselles de leur place : elle use rarement de la liberté qu'elle a de donner ces sortes de punitions.

VIII.

Il faut encore la même permission pour donner le fouet dans les grandes Classes, ou pour mettre quelques Demoiselles dans la prison.

IX.

Si elle croyoit que pour rendre une punition plus forte, la présence de la Maîtresse generale fût necessaire, elle en conviendroit avec elle, & concerteroient ensemble ce qu'il y auroit à faire.

X.

Le jour arrêté pour faire quelques-unes de ses fortes punitions, la Maîtresse generale vient à la Classe, toutes les Maîtresses s'y trouvent, on y sonne le silence, & c'est la Maîtresse generale qui prononce la punition de la coupable.

XI.

C'est entre les mains de la Maîtresse generale que la premiere Maîtresse fait mettre les lettres que les Demoiselles écrivent, & c'est par elle que la Maîtresse generale fait donner aux Demoiselles celles qui leur sont adressées.

XII.

Il luy faut la permission de la Maîtresse generale, pour permettre à ses filles de se confesser & communier à des jours extraordinaires.

XIII.

Elle luy présente celles qu'elle juge à propos d'admettre au nombre des nouvelles communiantes, ou qui doivent être confirmées.

XIV.

Quand on vient demander une Demoiselle pour le Parloir, si elle est à l'Infirmerie, on en fait avertir la Maîtresse generale, & l'on attend un nouvel ordre pour luy envoyer ses hardes.

XV.

La premiere Maîtresse donne à la Maîtresse generale la liste des Demoiselles qui doivent monter d'une Classe à l'autre, assez tôt pour que la Maîtresse de la Classe où elles doivent monter, les puisse placer dans le projet de ses familles.

XVI.

C'eſt la Maîtreſſe generale qui en ſpecifie le nombre ; mais c'eſt la premiere Maîtreſſe qui en fait le choix, ayant égard à l'âge des Demoiſelles : ſi elle avoit quelque raiſon d'en garder quelques âgées, ou d'en donner quelques-unes avant ſon rang ; elle en conviendroit avec la Maîtreſſe generale.

XVII.

Le jour que le changement de Claſſe ſe doit faire, la Maîtreſſe generale vient nommer les Demoiſelles qui doivent changer de Claſſe ; c'eſt enſuite la premiere Maîtreſſe de la Claſſe qu'elles quittent, qui les remet entre les mains de la premiere Maîtreſſe de la Claſſe où elles vont ; elle l'informe à loiſir de leurs mœurs & de leur capacité.

XVIII.

Les Demoiſelles qui montent d'une Claſſe à l'autre emportent leur habillement, même leur ſeconde jupe d'été, & leur ſeconde paire de bas de laine, leurs gans, leurs cordelieres : elles laissent à la Classe leurs coëffes, leurs palatines, leurs Heures, leur Chapelet, & tout ce qui a la couleur & la marque de la Classe.

XIX.

Quand la Maîtresse generale vient faire le Catéchisme, ou une instruction à la Classe, la premiere Maîtresse s'y trouve ordinairement, & l'instruit par avance de l'état de sa Classe.

XX.

S'il y avoit des Demoiselles qui eussent des défauts de corps ou d'esprit, qui pussent nuire aux autres, ou dont la taille eût beaucoup de disposition à se gâter, la premiere Maîtresse en avertiroit la Maîtresse generale des Classes.

XXI.

Les premieres Maîtresses président tour à tour au Refectoire des Demoiselles, alternativement par semaine avec la Maîtresse generale : les secondes Maîtresses ne suppléent point aux premieres en cette fonction; mais les premieres se suppléent les unes aux autres, & la Demoiselle du ruban noir de chaque Classe tient leur place à la table des Demoiselles.

XXII.

Si celle qui est de semaine manquoit à se trouver à quelque repas, la Maîtresse qui préside à la table des Demoiselles de la Classe bleuë, feroit sa fonction sans changer de place.

Rapport à la Sacristine.

I.

Les jours que les Demoiselles vont à Confesse, & ceux où elles ont la liberté d'aller parler à leurs Confesseurs, elle avertit la Sacristine dès la veille, avant huit heures du soir, du nombre qu'il y en a pour chaque Confesseur.

II.

Les jours de Communion des Demoiselles, elle l'avertit avant sept heures du matin du nombre de celles qui doivent communier : pour les Communions que quelques-unes pourroient faire sur semaine, il suffit qu'elle l'avertisse avant la Messe, & cela seulement les jours que la Communauté ne communie pas, à moins qu'il n'y en eût un assez grand nombre pour les faire communier à une des petites grilles.

Rapport à la Maîtresse du Chœur.

I.

C'Est la premiere Maîtresse qui fait le choix des Demoiselles que la Maîtresse du Chœur demande pour faire quelques fonctions au Chœur; mais pour le chant, c'est la Maîtresse du Chœur qui juge de celles qui en sont capables.

II.

On a dans chaque Classe un Livre du Ceremonial des Demoiselles : la premiere Maîtresse a soin qu'on leur lise à chaque Fête ce qu'il y a à observer ; si ce sont des ceremonies ou des chants dont les Demoiselles ne soient pas sûres, elles les leur fait repeter ; elle fait aussi faire de temps en temps la repetition des ceremonies & des chants ordinaires.

Rapport à la Maîtresse des ouvrages.

I.

SI la Superieure jugeoit à propos de permettre que les Demoiselles travaillassent à leur profit, ce seroit la premiere Maîtresse qui en feroit le choix ; la Maîtresse des ouvrages en specifie seulement le nombre : elle reçoit vers le renouvellement des familles le plan de ce que la

Maîtresse des ouvrages destine à sa Classe pour trois mois ; elle reçoit même ordinairement cet ouvrage, & les provisions necessaires pour trois mois.

II.

C'est elle qui fait le partage de ces ouvrages entre les familles ; qui marque à chacune celuy qu'elle doit faire, & leur donne leur tâche en general ; elle prend toutes les précautions necessaires pour qu'il soit bien fait, & fini autant qu'il se peut dans le cours des trois mois : elle laisse le détail de cette distribution à la Maîtresse qui est chargée de l'ouvrage, & elle s'informe de temps en temps du progrès des Demoiselles, dans l'ouvrage comme dans le reste.

III.

Elle réünit ordinairement toutes celles d'une famille à un même ouvrage, à moins qu'elle n'eût quelque bonne raison d'en user autrement.

IV.

Les familles sont destinées à un ouvrage ordinairement pour trois mois ; cependant la premiere Maîtresse est toujours libre de changer cette destination, mettant pour quelques jours toute la Classe, ou une partie, au même ouvrage, quand elle a quelque bonne raison de le faire, de maniere pourtant qu'il n'y ait aucun ouvrage negligé.

Rapport aux Maîtresses des Habits.

I.

POur l'ouvrage des roberies, elle n'en reçoit ordinairement que le projet au renouvellement des familles ; parce qu'il ne seroit pas toujours possible que la Maîtresse des habits pût le livrer pour trois mois.

II.

La premiere Maîtresse reçoit les distributions, & en garde toujours par devers elle : si elle n'avoir pas besoin de tout ce qu'on donne aux distributions de chaque quartier, elle donneroit par avance à la Maîtresse des habits un billet de ce qu'il en faudroit retrancher.

III.

Elle prend son temps avec la Maîtresse des habits pour visiter la taille des Demoiselles, une ou deux fois l'année ; mais elle ne passe guéres trois mois dans les petites classes sans faire cette visite, & ne neglige rien pour empêcher que la taille des Demoiselles ne se gâte.

IV.

S'il falloit faire un changement considerable à un habit, comme mettre un devant de manteau, ralonger une jupe, & faire servir pour quelque temps l'habit d'une Demoiselle à une autre, elle ne le feroit pas sans l'avis de la Maîtresse des habits.

Rapport à l'Infirmiere des Demoiselles, & à la Maîtresse de l'Apoticairerie.

I.

ELle laisse à l'Infirmiere le soin des Demoiselles qui sont actuellement à l'Infirmerie, & ne va point ordinairement les voir, si elles ne demandent à luy parler.

II.

Elle n'envoye point les Demoiselles à l'Infirmerie passé huit heures du soir, à moins que les maux ne fussent pressans, ou qu'elles ne dûssent être veillées.

III.

Les Demoiselles font ordinairement les remedes dont elles ont besoin à l'Infirmerie, comme par exemple, prendre du lait, & chose semblable ; mais quand elles ne gardent pas le lit, elles viennent passer la plus grande partie du jour à la Classe.

IV.

La premiere Maîtresse convient par avance avec la Maîtresse de l'Infirmerie, des Demoiselles qu'il faudroit montrer au Medecin, pour qu'il juge si elles feront gras les jours maigres.

V.

On évite de faire porter de la nourriture ou des remedes aux Dortoirs ; s'il en falloit necessairement, elle pourroit s'adresser directement aux Infirmieres, pourvû que cela soit passager, ce qui ne s'entend pas des saignées ny medecines ; parce qu'alors il faudroit s'adresser à la Maîtresse generale.

VI.

Elle garde une petite provision des choses necessaires pour pourvoir aux legeres incommoditez des Demoiselles, comme par exemple, de l'eau-de-vie, de la reglisse, &c.

Rapport aux Maîtresses subalternes.

I.

LA premiere Maîtresse informe ses Aides quand il y a quelque chose à changer à l'ordre ordinaire de la journée des Demoiselles, & de ce qu'elles doivent leur faire faire en son absence.

II.

Elle leur montre son plan du renouvellement des familles, qui se fait environ tous les trois mois.

III.

Elle leur marque leurs soins & leurs fonctions particulieres, leur marquant les Demoiselles destinées pour leur aider.

IV.

Quand une Maîtresse subalterne change de soin avec une autre, ou qu'elle est ôtée de la Classe, la premiere Maîtresse reçoit le compte des choses dont elle l'avoit chargée, ou charge quelqu'autre Maîtresse de le recevoir.

V.

Elle donne à chaque Maîtresse une petite provision de ce qui est necessaire aux Demoiselles, ou à leurs soins.

VI.

Elle garde ou fait garder le Dortoir des Maîtresses, quand elles prennent leur jour de retraite du mois.

VII.

Elle peut assembler ses Aides pour lire ensemble leur Reglement & leur usage, quand elle le juge necessaire, pourvû que cela arrive rarement, & qu'elle ne s'éloigne pas de sa Classe: elle fait garder les Demoiselles pendant ce temps-là par la Suppléante, & par la Demoiselle du ruban noir, faisant faire les exercices où elles sont plus faciles à l'entretenir, comme une lecture publique, chanter ou garder le profond silence.

Ra-

Rapport aux Demoiselles du ruban noir, & aux filles de Madame de Maintenon.

I.

DE's qu'une Demoiselle a le ruban noir, la Maîtresse de la Classe, dont elle est tirée, cesse d'en prendre soin, & de luy donner ses avis.

II.

Cependant elle peut parler en particulier aux Demoiselles du ruban noir, aux filles de Madame de Maintenon, qui sont en fonction dans sa Classe, soit pour les instruire de ce qu'elles doivent faire, soit pour les reprendre des fautes qu'elles peuvent commettre par rapport à leur employ ; mais elle ne doit point entrer dans leur conduite particuliere.

III.

Elle ne souffre point qu'elles se servent de la liberté qu'elles ont d'aller seules pour s'amuser, & aller çà & là p..r la Maison ; elle prend garde qu'elles ne s'absentent point de sa Classe sans sa permission ; il suffit de celle de la Maîtresse qui préside en son absence, pourvû que ce soit pour peu de temps.

Rapport à la Sœur Converse.

I.

ELle donne en compte à la Sœur de la Classe les choses, dont elle juge à propos de la charger, & l'instruit de ce qu'elle doit faire.

II.

Elle prend garde qu'elle employe bien son temps : elle peut luy donner des Demoiselles pour luy aider, & pour les accoûtumer au travail.

III.

Elle la fait ordinairement aller à la Messe de huit heures ; parce qu'elle en a besoin pour garder les Demoiselles pendant qu'elles sont dans les Dortoirs.

Du gouvernement de la Classe.

I.

ELle fait tous les trois mois l'arrangement des Demoiselles dans les Dortoirs, elles y sont par familles; c'est elle aussi qui les arrange pour le Chœur, selon le rang de leur taille; ces arrangemens se font au renouvellement des familles.

II.

Il est bon qu'elle permette de temps en temps à celles qui ont des Sœurs dans la Maison de les aller voir; cette permission ne s'accorde que rarement à d'autres, même à des parentes.

III.

Elle a aussi la liberté d'envoyer quelques-unes de ses filles passer quelque temps à une Classe pour apprendre ou montrer quelque chose d'utile: elle use rarement de cette liberté, & elle en convient auparavant avec la Maîtresse de la Classe où elles les envoye; & si c'étoit pour du temps de suite, comme un mois au plus, elle le demanderoit à la Maîtresse generale.

IV.

Elle ne permet point aux Demoiselles de cuëillir ny fleurs ny fruits, ny d'en ramasser, non pas même des branchages, & elle n'envoye pas ordinairement une famille, ny quelques Demoiselles au jardin, sous la garde d'une Demoiselle du ruban noir, quand il y a des hommes.

V.

Il luy est libre d'en faire garder à la Classe pendant les exercices publics.

VI.

Elle ne laisse point aller les Demoiselles au Chœur, ny au premier Refectoire, en robe de chambre.

VII.

Elle a soin que les portes par

où les Demoiselles peuvent sortir de l'appartement de la Classe, soient fermées pendant le jour.

VIII.

Elle fait la visite le soir dans le bas étage de la Classe pour prévenir les accidens du feu, & voir si les portes sont fermées : elle ferme à double tour les portes qui communiquent au dehors, dont elle garde la clef.

IX.

Elle s'applique sur tout dans les grandes Classes à connoître l'état de vie auquel Dieu pourra les appeller, & qui leur sera convenable, afin de les disposer au bien qu'elles y pourront faire.

X.

Elle renouvelle aux Demoiselles le souvenir de ce qui leur est prescrit par leur Reglement & leur usage, environ tous les trois mois.

XI.

Quand elle sort de charge, elle donne à celle qui luy succede l'état de sa Classe, marquant en peu de mots ce qu'elle pense de chacune de ses filles, & l'esprit qui regne dans sa Classe; elle luy donne aussi le Catalogue de leur âge; de celles qui n'ont pas été confirmées, qui n'ont pas fait leur premiere Communion, & où elles en sont pour l'instruction, l'ouvrage & les exercices.

Des Sacremens.

I.

LE temps de commencer les instructions particulieres pour la premiere Communion, est au moins un mois avant Noël (s'il y en a qui la doivent faire dans ce temps-là) & pendant tout le Carême pour celle de Pâque: quand il n'y en a qu'un petit nombre dans une Classe, on les joint ordinairement pour les instructions avec celles de la Classe où il y en a un plus grand nombre.

II.

C'est elle qui admet les Demoiselles au nombre des nouvelles communiantes, aprês qu'elles ont été trouvées suffisamment instruites par celuy de Messieurs les Confesseurs qui en fait l'examen.

III.

Elle est toujours maîtresse de refuser ou de differer la Communion, à celles même qui en auroient la permission de leur Confesseur.

IV.

Outre la Confession & la Communion du mois, & celles des Fêtes annuelles, elle a la liberté de permettre la Communion à celles qu'elle juge à propos, le jour que les Demoiselles de la Classe peuvent aller parler à leurs Confesseurs, & le lendemain.

V.

Elle avertit les Demoiselles de se préparer pour aller aux Confesseurs extraordinaires, lorsqu'elle sçait qu'ils doivent venir.

VI.

Si elle avoit quelque chose à dire aux Confesseurs des Demoiselles, elle ne le feroit pas sans en avoir obtenu la permission de la Superieure.

VII.

Elle ôte aux Demoiselles toute occasion de parler entr'elles, & supprime toute recréation entre leur Confession & leur Communion.

VIII.

Comme les jours & les heures de Confession dépendent de la commodité de Messieurs les Confesseurs, on ne les peut fixer; mais afin de garder quelque ordre, la Superieure regle par écrit le jour & l'heure de la Confession pour chaque Classe: cet ordre se renouvelle quand il est necessaire.

IX.

Les Demoiselles ne vont pas ordinairement au Confessional passé onze heures du matin, & onze heures & demie les jours

jours de jeûne, ny passé six heures du soir.

Jours extraordinaires.

I.

ELle supprime la recréation, depuis le Jeudy Saint, jusqu'aprés la Messe du Samedy Saint.

II.

Le jour de la Toussaints, depuis les Vêpres des Morts jusqu'aprés la grande Messe du lendemain, elle supprime la recreation.

III.

Les Dimanches & les Fêtes que le saint Sacrement est exposé, la recreation finit à une heure, l'autre heure qui suit est employée à faire une lecture par bande, à moins que la premiere Maîtresse ne prescrive autre chose.

IV.

Les jours ouvriers qu'il y a exposition du saint Sacrement, les Demoiselles y vont tour à tour par familles : les grandes Classes font leur visite d'une demie heure au Chœur, elles y sont gardées par les Maîtresses de leurs Classes, & par la Demoiselle du ruban noir.

V.

Les petites Classes vont la faire ordinairement à la Tribune ; elle ne dure qu'un quart d'heure : la premiere Maîtresse les y fait garder.

VI.

Les Demoiselles de la Classe bleuë y vont ordinairement depuis neuf heures du matin jusqu'à deux heures aprés midy, excepté le temps du dîner & de la recreation.

VII.

Les Demoiselles de la Classe jaune y vont depuis deux heures jusqu'à cinq.

VIII.

Les Demoiselles de la Classe verte y vont dans la matinée.

IX.

Les Demoiselles de la Classe rouge, l'après-dîner.

X.

Pour les Fêtes & Dimanches, comme les Demoiselles n'y doivent aller que depuis une heure jusqu'à trois, toute une Classe y va à la fois : la Classe bleuë ordinairement à une heure ; la Classe jaune à la demie ; la Classe verte à deux heures ; la Classe rouge à la demie ou aux trois quarts ; ces deux petites Classes ne sont qu'un quart d'heure.

XI.

Les deux grandes Classes vont ordinairement la nuit de Noël à la Messe de minuit ; elles ne se levent le matin qu'à huit heures ; on peut leur lire pendant qu'elles s'habillent l'Epitre & l'Evangile de la seconde & troisiéme Messe.

XII.

La premiere Maîtresse est libre de faire coucher ses filles le soir immediatement après le souper, ou de leur permettre de veiller jusqu'à ce qu'il soit temps d'aller au Chœur, remplissant ce temps de travail, de lecture, de silence, de chant, & semblables exercices; pendant lesquels deux Maîtresses suffisent à la Classe, afin que celles qui auroient besoin de se coucher le puissent faire: elle prend ses mesures pour faire garder facilement les Demoiselles qui ne pourront aller à la Messe de minuit.

Instruction des Demoiselles.

I.

LA premiere Maîtresse a soin que toutes les Demoiselles de sa Classe sçachent le Catéchisme.

II.

Elle ne souffre point qu'on lise aux Demoiselles d'autres livres que ceux qui sont destinez à leur Classe.

III.

Elle tient la main qu'on leur

apprenne simplement l'Ortographe, comme le pluriel, le singulier, le feminin, le masculin.

IV.

On leur apprend à compter de memoire, avant de leur montrer l'Arithmetique.

Ce qui est particulier aux Maîtresses des petites Classes.

I.

LA premiere Maîtresse prend soin qu'on avance les Demoiselles, le plus qu'il se peut, dans l'écriture & la lecture, de préference même à l'ouvrage, quoyqu'il soit bon de les y former de bonne heure.

II.

Elle examine au moins tous les trois mois le progrés de ses filles, dans la science du Catéchisme, dans la lecture, l'écriture, & le reste.

III.

Quand il est entré une Demoiselle dans la Maison, elle examine où elle en est sur chacune de ces choses : si elle la trouve peu avancée, elle en charge une particuliere de la famille où elle la met.

IV.

Elle tient la main que toutes les Maîtresses gardent autant qu'il se peut la même methode, pour montrer à écrire aux Demoiselles ; & on se sert ordinairement des exemples dont on a le burin dans la Maison.

V.

Elle met les nouvelles venuës dès qu'elles arrivent à l'écriture, n'y en ayant point de trop jeunes pour apprendre, puis qu'elles ont au moins à sept ans.

VI.

Les mois de Decembre, Janvier & Février, les Demoiselles des deux petites Classes n'assistent pas ordinairement à Vêpres les jours ouvriers, excepté lorsqu'on doit chanter les Litanies, où qu'il y a Salut.

VII.

Si le Carême arrive pendant ce temps-là, elles vont à Vêpres, qui se disent avant le dîner, & ne vont point à Complies.

USAGES
DES CLASSES.

I.

LA premiere Classe est ordinairement composée de cinquante-six Demoiselles, sans compter les Demoiselles du ruban noir : la seconde Classe est pour l'ordinaire de soixante & deux Demoiselles : les filles de Madame de Maintenon sont comptées de la Classe dont elles portent le ruban; elles en suivent les exercices, à moins qu'elles n'en soient tirées par leurs fonctions : les deux petites Classes sont de cinquante-six Demoiselles chacune.

I I.

Quoyque les Demoiselles doivent être entierement soûmises à toutes les Maîtresses, elles n'ont rapport qu'à la premiere pour leur conduite particuliere.

III.

Elles ne lisent point d'autres Livres que ceux que leur premiere Maîtresse leur donne.

IV.

Elles n'ont rien dans l'habillement qui ne soit conforme les unes aux autres sans permission.

V.

Elles prendront garde de ne se lier jamais par des amitiez ny par des attaches particulieres; mais elles auront beaucoup de charité & d'honnêteté les unes pour les autres, évitant de se tutoyer, & d'avoir des manieres contraires à la bienséance.

VI.

Elles éviteront aussi avec soin les murmures, les plaintes, les médisances, les railleries, les disputes, la communication de leurs dégoûts, de leurs ennuis, enfin de tout ce qui leur est spécifié dans le détail des défenses faites aux Demoiselles.

VII.

Comme il est d'un bon esprit & de leur devoir de s'accommoder à l'ordre de la Maison où elles sont, elles observeront exactement tout ce qu'on exige d'elles pour le maintenir, évitant avec soin tout ce qui le pourroit troubler, comme de parler ou faire du bruit dans les lieux publics, se déranger dans les marches, manquer aux ceremonies, &c.

VIII.

Elles observent inviolablement de ne point aller hors l'appartement de la Classe, soit une, soit plusieurs, sans être accompagnées par leurs Maîtresses, ou par quelqu'autre personne à qui on les auroit confiées.

IX.

Elles ne pourroient même demeurer plus d'une à la fois dans

les differens endroits de l'appartement de la Classe sans être gardées.

X.

Elles n'ont point d'autre papier que celuy qui leur est donné par leurs Maîtresses, dont elles ne font point d'autre usage que celuy qui leur est marqué ; elles le rendent aprés l'avoir écrit, sans qu'il leur soit permis d'en déchirer une feüille ; mais elles en doivent rendre un pareil nombre qu'elles en ont receu.

XI.

Elles ne gardent aucun manuscrit, pas même les lettres qu'elles reçoivent.

XII.

Elles écrivent ordinairement tous les trois mois une lettre à leurs parens, ou à ceux qui leur en tiennent lieu : si elles avoient quelques bonnes raisons d'en écrire davantage, elles en demanderoient permission à leur premiere Maîtresse, entre les mains de qui elles les remettent toutes.

XIII.

Il leur est absolument défendu d'en faire passer par d'autres voyes, si ce n'est par la Maîtresse generale des Classes, ou par la Superieure.

XIV.

Elles n'en doivent aussi recevoir aucune qui ne passe par les mêmes personnes.

XV.

Quand elles vont au Parloir, elles s'y tiennent dans une grande modestie; elles ne reçoivent rien par la grille, & n'y passent rien non plus aux personnes du dehors sans permission : si on vouloit leur passer quelques Lettres, elles ne la recevroient pas, mais prieroient qu'on la portât au tour.

XVI.

Elles parlent assez haut pour être entenduës de celle qui garde le Parloir, à moins qu'elles n'eussent obtenu la permission de parler bas.

XVII.

Les visites doivent être courtes, à moins que ce ne soit à des parens bien proches, & qui viennent rarement.

XVIII.

Quand leur Maîtresse leur permet d'aller visiter une Demoiselle d'une autre Classe, elles s'adressent d'abord à la Maîtresse de celle qu'elles vont voir.

XIX.

Elles appellent la Superieure, ma Mere, en parlant d'elle, entr'elles notre Mere : elles appellent les Dames Professes, ma Mere ; les Novices & les Postulantes, ma Sœur ; & en parlant d'elles, entr'elles, ma Mere, ou ma Sœur une telle : entr'elles elles s'appellent ma Sœur, avec leur nom de famille : quand elles parlent des Demoiselles aux personnes du dehors, ou qu'elles leur en écrivent, elles les appellent Mademoiselle.

XX.

Quand celle qui préside au

Refectoire entre ou sort, elles se levent, & luy font la reverence.

XXI.

Les Demoiselles des deux grandes Classes font tous les ans une retraite de quelques jours, à moins que la Superieure n'en ordonnât autrement.

XXII.

C'est principalement dans ce temps-là qu'elles font de serieuses réflexions sur l'état de vie auquel Dieu les appelle; ce choix est si important, qu'il ne suffiroit pas d'y penser lorsqu'elles approchent du temps où elles doivent se déterminer, elles ne peuvent y penser trop tôt.

XXIII.

Elles se souviendront toutes de conserver une reconnoissance éternelle, & de prier tous les jours pour les personnes dont Dieu s'est servi pour l'établissement de cette Maison, sur tout pour le Roy leur Fondateur, & pour Madame de Maintenon leur Institutrice.

XXIV.

Enfin elles n'oublieront jamais en quelle qualité & pour quelle fin elles y ont été reçûës, & combien elles seroient blâmables si elles negligeoient de profiter de tous les secours que la Providence leur a ménagez pour leur donner une éducation vraiement chrétienne.

De la frequentation des Sacremens.

I.

ELles s'approcheront du tribunal de la Penitence à peu prés une fois le mois, au jour & dans l'ordre qui leur sera marqué, & de la sainte Communion selon que leur Confesseur le jugera à propos, & que leur premiere Maîtresse voudra bien le leur permettre.

II.

Il y a six ou sept Fêtes où la Communion est generalement

pour toutes les Classes ; sçavoir, les quatre Fêtes annuelles, l'Assomption, saint François d'Assise, & la Presentation : outre cela chaque Classe a un jour de Confession & de Communion dans le cours du mois.

III.

Quand la Confession du mois se trouve à huit jours prés ou environ, d'une Fête où elle est generalement pour toutes les Classes, elle est differée à cette Fête.

IV.

Les deux grandes Classes ont outre cela un jour marqué dans chaque Semaine, où elles peuvent, avec permission de leur premiere Maîtresse, aller parler à leur Confesseur.

V.

Les petites Classes ont aussi, pour le même sujet, un jour dans le mois au choix de la premiere Maîtresse.

VI.

Elles s'adressent aux Confesſeurs marquez pour leur Claſſe, & quand elles montent d'une Claſſe à l'autre, elles prennent les Confeſſeurs de la Claſſe où elles ſont montées.

VII.

Elles ſeront toutes obligées de ſe préſenter à quelques-uns des Confeſſeurs extraordinaires que l'on leur donne tous les trois mois : les plus jeunes des petites Claſſes en pourront être diſpenſées par leur premiere Maîtreſſe.

VIII.

Elles garderont un profond ſilence ſur ce qui ſe ſera paſſé entre le Confeſſeur & elles : ſi elles avoient ſur ce ſujet quelque choſe qui leur fit de la peine, elles en pourroient parler à leur premiere Maîtreſſe, ou à la Maîtreſſe generale des Claſſes, ou même à la Superieure.

Fautes

Fautes que les Demoiselles doivent éviter.

I.

DE prendre des airs hautains & méprisans, & manquer de respect pour quelque personne que ce soit.

II.

Paroître la gorge découverte, sur tout devant le Tailleur, quand elles essayent des corps.

III.

De se toucher en signe d'amitié, ou joüer à des jeux de main.

IV.

Ne se pas taire au son de la cloche, ou continuer de parler quand une Maîtresse donne quelque ordre general, ou qu'elle parle à la Classe.

V.

Demander par mauvaise foy à une Maîtresse une permission qu'une autre auroit refusée.

VI.

Ne pas obéïr au ſignal qui ſe donne pour commencer quelque exercice.

VII.

Reſiſter au Chef de la bande ; ſe mêler de reprendre ſes compagnes quand on n'en eſt pas chargée.

VIII.

Rire & badiner pendant les exercices ; y perdre le temps.

Défenſes faites aux Demoiſelles.

I.

De ſortir de la Claſſe ſans permiſſion, ou de s'en éloigner à la promenade.

II.

De friſer leurs cheveux, ou de ſe poudrer pour ſe parer.

III.

D'avoir quelque choſe d'affecté ou de ſingulier dans la maniere de s'habiller ; faire quelque changement à ſon habit.

IV.

De cuëillir ou ramasser des fleurs, des fruits, & même des branchages au jardin; sortir des allées, ou gâter la charmille.

V.

Joüer à des jeux, ou chanter des chansons qui ne soient pas approuvées dans la Maison.

VI.

Discourir entr'elles, au lieu de s'occuper de l'exercice, ou du jeu que doit faire la bande, selon l'ordre de la journée.

VII.

Se separer de sa bande pour joüer ou parler en particulier, quand ce seroit même à quelqu'une de sa bande.

VIII.

Se mêler avec celles des autres familles, ou sortir de la sienne pour aller & venir inutilement dans la Classe.

IX.

Parler aux Demoiselles d'une Classe ou d'une famille differente de la leur, sans necessité &

sans permission.

X.

De se faire des presens les unes aux autres sans permission, sur tout à l'égard des Demoiselles d'une autre Classe; comme aussi de s'entre-prêter ny entr'elles, ny d'une Classe à l'autre ce qui est à leur usage, pas même leurs Heures & leurs chapelets au Chœur.

XI.

De laisser quelques-uns de leurs Livres au Chœur, & d'emporter à la Classe où elles montent ce qui est à la Classe qu'elles quittent.

XII.

De porter à l'Infirmerie, ou d'en rapporter autre chose que ce qui est permis.

XIII.

D'être plus d'une à la fois dans une même ruelle; se cacher de la vûë des Maîtresses en quelque lieu que ce soit: d'entrer dans les ruelles des lits des Demoisel-les qui couchent à l'Infirmerie.

XIV.

S'arrêter aux robinets ny ailleurs, quand on vient de la promenade ou du Chœur.

XV.

Joüer à des jeux de mouvement dans la Classe, si ce n'est au volant, ou à quelqu'autre jeux pareils, élever trop sa voix, même aux recreations; troubler le silence de la Classe, des Dortoirs, du Refectoire & des marches, sur tout vers le Chœur & les Confessionnaux.

XVI.

Porter au Chœur d'autres Livres que ceux qui servent à prier: d'emporter aussi au Refectoire ou ailleurs, hors de la Classe, ceux qu'on leur auroit donnez; comme aussi les cahiers qu'elles auroient pour apprendre par cœur.

XVII.

Travailler au Refectoire; se donner les unes aux autres ce qu'on leur sert.

XVIII.

Garder sans permission sa coëffe & sa palatine, quand les autres ne l'ont pas ; n'être pas soigneuse de serrer proprement ses hardes, ses ouvrages, &c. monter sur les tables, les fenêtres, &c.

XIX.

N'être pas exacte à se separer par famille, au sortir du Refectoire & du Chœur.

AVIS
AUX MAISTRESSES DES CLASSES.

I.

VOus ne pouvez trop ny trop tôt imprimer la religion dans le cœur des enfans qui sont commis à vos soins ; il seroit à desirer qu'on leur en eût parlé avant qu'elles vinssent chez vous ; & vous aurez peut-être bien de la peine à effacer la mauvaise éducation qu'on aura donné à quelques-unes.

II.

Mais soit qu'il faille établir ou détruire, travaillez sans cesse à leur faire connoître la Religion dans toute sa grandeur, dans toute sa beauté, sa solidité & sa simplicité.

III.

Ne vous lassez jamais de leur

apprendre le Catéchiſme ; il faut qu'elles le ſçachent à la lettre ; qu'elles le comprennent, & que ny vous ny elles ne regardiez pas cette inſtruction comme enfantine : c'eſt celle des enfans, en effet ; mais c'eſt celle auſſi des perſonnes avancées, & c'eſt celle de tous les Chrêtiens.

IV.

Que leur éducation ſoit ſimple, & toute chrétienne : ne vous ſervez jamais de citations ny d'exemples profanes, qui enorgueilliſſent & dégoûtent de l'humilité du Chriſtianiſme.

V.

Tous les Chrétiens doivent être humbles & ſimples : entre les Chrétiens les perſonnes de notre ſexe y ſont encore plus obligées ; & entre ces perſonnes, les Demoiſelles de votre Maiſon (qui ſont ſans fortune) ne doivent avoir rien d'élevé dans leur éducation.

VI.

Ne leur ſouffrez aucun vice ; faites

faites-leur la guerre ſans relâche dés que vous les appercevrez.

VII.

Mais reprenez-les avec une grande douceur, & ſoyez patientes pour le ſuccés de votre travail.

VIII.

Poſſedez-vous en reprenant les fautes de vos filles, & ſi vous ſentez quelque émotion, remettez à une autre fois ce que vous avez à dire : ce ſeroit une excellente pratique de ne jamais rien commencer ſans avoir conſulté & prié Dieu.

IX.

Ne croyez pas qu'un diſcours animé par la colere, les perſuade & les touche davantage, outre qu'elle n'opere point la juſtice : les enfans démêlent bien vîte qu'on ſe laiſſe aller à ſon humeur dans ce qu'on leur dit.

X.

Un châtiment ou une reprimande faite de ſens froid, & quelquefois au bout de huit jours, leur fera plus d'impreſſion : elles voyent par cette conduite que l'impatience ou le chagrin n'a point de part à ce qu'on fait.

XI.

Ne leur parlez pas de Dieu trop ſouvent, & faites en ſorte qu'elles deſirent que vous leur en parliez, & que ce ſoit une recompenſe de leur regularité à faire ce qu'on exige d'elles.

XII.

Ne leur parlez jamais de Dieu en riant, & ne ſouffrez point qu'elles en parlent qu'avec un grand reſpect, & fort ſérieuſement ; c'eſt un écueil où les filles pieuſes tombent ſouvent ; elles ſont remplies de Dieu ; elles en veulent parler inceſſamment : on applique la devotion à tout, & peu à peu on s'accoûtume à diſcourir en badinant de ce qu'il y a de plus reſpectable.

XIII.

Il y a encore un autre inconvenient ; c'eſt qu'on rebute celles qui n'ont pas le même goût ; & en mettant à tous les jours les veritez les plus importantes, on n'a plus rien à leur dire pour les exciter & pour les toucher.

XIV.

Inspirez-leur un grand respect pour les Prêtres ; ce sont les Ministres de Jesus-Christ, & les dispensateurs de ses graces : que ce respect soit pour tous ceux qui sont honorez d'un si admirable caractere : on peut choisir pour sa conduite celuy qu'on estime le plus ; mais il n'y a point de Prêtre, tel qu'il soit, qui ne doive être respecté.

XV.

Si celuy qui confere le Sacrement doit être respecté, que ne doit-on pas au Sacrement même, & au Sacrement qui nous reconcilie avec Dieu, qui nous justifie, & par lequel nos pechez sont lavez dans le sang de Jesus-Christ?

XVI.

Vous ne pouvez trop les instruire des dispositions qu'elles y doivent apporter, & du secret qu'elles sont obligées de garder sur ce qui se passe dans la Confession : ne leur permettez jamais d'en parler, ny de leurs Confesseurs, à moins qu'elles n'eussent quelque peine qu'elles pourroient confier à leur premiere Maîtresse, & non à leurs compagnes.

XVII.

Portez-les à une grande sincerité dans leurs Confessions ; une simplicité, une bonne foy qui aille à vouloir se faire connoître le plus qu'il est possible ; je ne dis pas seulement par rapport à leurs pechez, mais à leurs inclinations & à leur état, afin que le Confesseur puisse juger de leurs obligations.

XVIII.

Est-ce vouloir être conduite, aidée & excitée, que de se contenter de dire ses pechez, & d'en recevoir l'absolution ? voudroit-on pour sa santé faire une consultation aussi legerement ?

XIX.

Comment un Confesseur peut-il donner des conseils, des remedes & des préservatifs, s'il ignore l'état où l'on est, les occasions dans lesquelles on se trouve, & ses inclinations naturelles ?

XX.

Vous devez les instruire pour l'avenir, aussi-bien que pour le temps présent, & leur donner des principes & des pratiques dont elles ne se départent jamais.

XXI.

Dites-leur toujours les choses comme elles sont, ne les outrez point, & n'abusez pas de leur innocence, pour leur persuader ce qu'elles verroient dans la suite qui ne seroit pas vray.

XXII.

Donnez-leur donc pour peché ce qui est peché ; pour faute legere, ce qui est leger ; mais tâchez de leur donner de l'horreur pour cette disposition des ames lâches, qui ne veulent pas pecher mortellement, de peur d'être damnées, & qui veulent d'ailleurs se reserver ce qui ne fait que déplaire à Dieu.

XXIII.

Qu'elles comprennent avec quelle discretion elles doivent user de la liberté qu'elles ont de changer de Confesseur, & de quelle utilité il sera pour elles d'aller le plus qu'elles pourront au même.

XXIV.

Conduisez-les à Dieu par cette voye d'amour, beaucoup plus que par la crainte, & faites-les entrer par-là dans cette liberté, & cette confiance des enfans.

XXV.

Mais qu'elles sçachent, avant toutes choses, que le premier pas dans la vie chrétienne, & la marque effective de la conversion est l'éloignement du peché; toutes les autres sont équivoques.

XXVI.

Aprés cela, conviez-les à l'excellente pratique de la presence de Dieu, & montrez-leur avec quelle patience il faut marcher dans ce chemin sans se troubler, quand on s'en est éloigné; mais s'y remettre doucement, sans se trop gêner par vouloir obtenir trop vîte un bonheur qui sera accordé à la fidelité qu'elles auront à le demander & à le desirer.

XXVII.

Desaccoûtumez-les des questions curieuses ou inutiles; ne soyez point embarrassées quand elles vous en font ausquelles vous ne pouvez répondre: dites simplement que vous ne sçavez pas ce qu'elles demandent, & faites-leur voir par cette simplicité celles qu'elles doivent avoir.

XXVIII.

Accoûtumez-les au silence autant qu'il sera possible, sans pourtant vous jetter dans l'excés: les filles sont portées à beaucoup parler, vous ne pouvez trop leur dire que c'est un effet de la legereté de l'esprit.

XXIX.

Inſtruiſez-les pour toutes ſortes d'états ; & en leur diſant que celuy des Religieuſes eſt le plus parfait, formez-les pour vivre chrétiennement dans le monde, ſi elles y ſont appellées.

XXX.

Faites-leur voir que la vraye pieté eſt de remplir ſes devoirs : qu'elles apprennent celuy des femmes, celuy des meres, les obligations envers les domeſtiques, ce qu'on doit d'édification au prochain, & quelle ſorte de vie elles doivent & peuvent mener dans le monde.

XXXI.

Tâchez de leur donner de l'horreur pour les hommes dont le commerce eſt toujours dangereux, & de leur faire aimer la retraite, qui eſt la ſeule ſeureté pour les femmes.

XXXII.

Inſpirez-leur une grande modeſtie avec leurs compagnes, ſoit dans les actions, ſoit dans les diſcours.

XXXIII.

Ne les laissez jamais inutiles : il vaut mieux qu'elles jouënt, que de ne rien faire ; l'oisiveté, & la conversation entr'elles, est ce qu'il y a de pis : faites les passer d'un exercice à un autre, & que dans les recreations elles se divertissent à des jeux qui les occupent toutes ensemble.

XXXIV.

Ayez une grande douceur pour elles, & une patience sans bornes : semez & attendez les fruits, ils viendront en leur temps : servez-vous toujours de termes honnêtes en leur parlant, & n'employez l'autorité que le plus rarement que vous pouvez.

XXXV.

Ne desirez point d'être aimées d'elles par mollesse & par amour propre ; mais faites-vous en aimer, afin de vous servir du pouvoir que vous aurez sur leur esprit pour les porter à Dieu; c'est ainsi qu'on met tout à profit, en faisant tout pour luy.

XXXVI.

Pour acquerir ce pouvoir, montrez-leur de l'amitié ; faites-leur tous les plaisirs qui ne pourroient leur nuire ; supportez-les dans leurs infirmitez ; consolez-les dans leurs tristesses ; attendez-les avec une grande patience ; soulagez-les dans leurs maux : ne montrez jamais d'inclination pour les plus agréables, & que toute votre conduite les persuade que vous ne comptez que sur ce que Dieu leur comptera.

XXXVII.

Appliquez-vous particulierement à former celles qui doivent sortir les premieres de votre Classe : renoncez au plaisir de jouir de votre travail, allez au bien tout droit, sans vous compter pour rien.

XXXVIII.

N'ayez plus de commerce avec elles, quand vous n'en serez plus chargées ; quelque confiance qu'elles puissent avoir en vous, il faut qu'elle finisse ; que tout cede à l'union & à la charité qui doit être entre les Dames qui les gouvernent, & qu'il ne faut jamais blesser sous quelque prétexte que ce soit.

XXXIX.

Que ce même esprit d'union vous empêche de vous plaindre de celles qui viennent des autres Classes; ce seroit en quelque maniere blâmer celle qui les gouvernoit: recevez-les de bon cœur telles qu'elles sont.

XL.

Ne pressez pas trop vos filles sur la pieté, contentez-vous de les instruire & de les édifier, c'est à Dieu à faire le reste; luy seul peut toucher le cœur.

XLI.

Evitez les longues instructions; craignez de les rebuter; ayez en cela plus d'attention aux imparfaites qu'aux autres: il y a plus d'inconveniens à lasser les premieres, qu'il n'y en a de ne pas contenter tout-à-fait le zele & le goût des parfaites.

XLII.

Ne leur permettez jamais des pratiques qui puissent nuire à leur santé ; mais dans tout le reste élevez-les le plus durement qu'il vous sera possible.

XLIII.

Rendez-les ménageres & laborieuses ; elles en seront plus propres à tous les partis qu'elles peuvent prendre : accoûtumez-les à ne point perdre de temps ; je ne compte pas pour perdu celuy qu'elles employent à se divertir quand il est reglé.

XLIV.

Donnez-leur une grande estime pour l'obeïssance ; Dieu la benit, & elles y seront, selon toutes les apparences, obligées toute leur vie.

XLV.

Ayez soin que vos filles se tiennent droites, & ne vous faites pas là-dessus un scrupule mal fondé : tous ceux qui servent à l'Autel apprennent à faire avec modestie & bienséance tout ce qu'il y faut faire; le Service & les ceremonies en sont plus majestueuses & plus propres à édifier, & à exciter à la pieté ceux qui y assistent.

XLVI.

Que vos Demoiselles soient donc bien droites; mais sans affectation, & rien de mondain: ne souffrez point qu'à l'Eglise elles ayent la tête de travers, ny le corps courbé; c'est le cœur qui doit être prosterné & aneanti devant Dieu; mais ce n'est point la posture qui excite la ferveur; il ne faut rien de singulier quand on est à la veuë de tout le monde.

XLVII.

Ne les accoûtumez pas à une grande diversité de lectures: sept ou huit livres qui sont en usage dans votre Maison suffiroient pour toute leur vie, si elles ne lisent que pour se sanctifier: la curiosité est dangereuse & insatiable.

XLVIII.

Inspirez-leur un grand respect pour le Nouveau Testament, & ne le permettez qu'à celles qui sont disposées à en profiter, qui en ont le goût, & qui le desirent avec ardeur : conseillez-leur souvent l'Imitation.

XLIX.

Tâchez de leur faire aimer S. François de Sales ; ses Livres sont solides, & menent à la plus grande perfection, avec des manieres tres-douces ; que le vieux langage ne les rebute pas ; il faut s'attacher au sens, & cette difficulté n'arrêtera pas celles qui auroient un bon esprit.

L.

Il me semble que j'ay passé trop legerement l'endroit où je vous dis que les conversations qu'elles ont les unes avec les autres sont tres-dangereuses, vous ne pouvez trop les éviter ; mais il faut que ce soit par leur en ôter les occasions, beaucoup plus que par en faire des défenses.

L I.

Je ne vous ay pas aussi assez expliqué le conseil que je vous donne de les élever durement, & de ne rien faire pourtant qui puisse nuire à leur santé : il faut leur permettre tres-rarement les veilles & les jeûnes, à cause de leur jeunesse ; mais tâchez de les faire travailler à tout ce qui se présente : qu'elles mangent de tout, qu'elles soient sobres, qu'elles soient couchées & assises durement, qu'elles ne s'appuyent jamais ; qu'elles ne se chauffent que dans le grand besoin, qu'elles se servent les unes les autres, qu'elles balayent, fassent des lits, &c. elles en seront plus fortes, plus adroites & plus humbles.

L I I.

Quand elles font des fautes, pardonnez-leur quelquefois par un esprit de douceur & de patience ; mais que les flateries qu'elles vous feroient n'y ayent jamais de part : ne leur laissez pas croire qu'il y a des temps & des manieres pour vous gagner, & que toute votre conduite soit fondée sur la charité & sur la raison.

LIII.

Je vous propose tout cecy, mes cheres Filles, avec d'autant plus de confiance, qu'il a été vû & approuvé par votre Superieur.

REGLE

REGLEMENT

ET USAGE

DE LA MAISTRESSE GENERALE DES CLASSES.

Ce qui regarde les Demoiselles en general.

I. REGLEMENT.

ELle eſt chargée de tout ce qui regarde les Demoiſelles, dès qu'elles ſont hors de la Claſſe, comme les Maîtreſſes en ſont chargées au dedans, afin qu'y étant renfermées, elles puiſſent donner tout leur temps, tous leurs ſoins & toute leur application à les former, & veiller sur leur conduite.

II. Reglement.

Elle aura une inspection generale sur tout ce qui a rapport aux Demoiselles, & prendra garde qu'elles soient traitées & élevées selon leur Reglement, & selon la fondation de la Maison.

III. Reglement.

Elle fera donner aux Maîtresses des Classes tout ce qui aura été reglé ou accordé d'extraordinaire par la Superieure, & ce sera elle qui le demandera aux Officieres.

IV. Reglement.

Elle aura un passe-par-tout des Dortoirs; & y fera la visite de temps en temps.

V. Reglement.

Elle ira aux Classes quand les premieres Maîtresses le souhaiteront, & y fera de concert avec elles tout ce qui pourra les autoriser & soumettre les Demoiselles : elle ira y faire le Catéchisme deux ou trois fois l'année.

VI. Reglement.

Elle présidera de deux semaines l'une au Refectoire des Demoiselles, & les quatre premieres Maîtresses y présideront alternativement avec elle.

VII. Reglement.

Elle avertira les premieres Maîtresses du jour où les Demoiselles viendront repeter au Chœur les ceremonies & la psalmodie, & elle concertera ce jour avec la Maîtresse du Chœur.

VIII. Reglement.

Elle se mettra au Chœur auprés de la Superieure, pour mieux voir les Demoiselles, leur donner le signal, & recevoir leurs reverences, quand la Superieure & l'Assistante n'y seront pas.

IX. Reglement.

Quand il y aura des ordres de la Superieure à porter aux Classes, la Maîtresse generale les donnera aux premieres Maîtresses, & autant qu'il se pourra aux obéïssances.

X. Reglement.

Elle avertira les Officieres sur tout ce qui pourroit manquer aux Demoiselles pour leur nourriture, habillement, linge, meubles, &c. mais si aprés ses avis elles y manquoient encore, elle s'adressera à la Superieure.

XI. Reglement.

Elle prendra garde qu'il ne se glisse rien d'immodeste ny rien de particulier dans leur habillement, & qu'elles soient uniformes en tout : si elle remarque quelque relâchement general dans la conduite des Demoiselles, elle en avertira les premieres Maîtresses.

XII. Reglement.

Elle se souviendra de demander à la Superieure, environ tous les trois mois, des Confesseurs extraordinaires pour les Demoiselles, & avertira les premieres Maîtresses quelques jours auparavant qu'ils viennent, afin qu'elles préparent les Demoiselles.

USAGE.

I.

C'est elle qui envoye demander

aux Classes les Demoiselles dont on a besoin dans les Offices : elle marque à peu prés le nombre qu'il en faut, & l'occupation à laquelle on les destine ; mais ce sont les Maîtresses qui en font le choix : la Maîtresse generale en charge les Officieres mêmes à qui elle les donne, ou une Demoiselle du ruban noir des plus sages, quand les Officieres ne les peuvent garder.

II.

Elle va de temps en temps dans les endroits où elle a envoyé des Demoiselles, pour voir comment elles s'y comportent.

III.

Elle fait attention à ne pas envoyer des Demoiselles de differentes Classes dans un même lieu en même temps, & demande rarement des Demoiselles des petites Classes dans les heures de leurs exercices.

IV.

Elle avertit les premieres Maîtresses du jour qu'elle veut aller à leur Classe faire l'instruction, afin que s'il y avoit quelque chose qu'elles jugeassent devoir être dit par la Maitresse generale, elles se servissent de l'occasion.

V.

Elle ne permet point qu'on donne de penitences publiques aux Demoiselles des deux grandes Classes, sans en avoir averty la Superieure auparavant; & lors qu'elles sont considerables, elle doit prendre son avis.

VI.

Quand quelque Classe doit manquer aux exercices publics, elle en avertit la Superieure.

VII.

Elle s'informe de temps en temps aux Maîtresses de l'état des Classes, & en rend compte au Conseil à la fin de l'année.

CHANGEMENT DES CLASSES.

XIII. Reglement.

Ce ſera à elle, de concert avec les premieres Maîtreſſes, de faire monter d'une Claſſe à l'autre les Demoiſelles ; c'eſt elle qui en marque le nombre ; mais c'eſt la premiere Maîtreſſe qui en fait le choix.

USAGE.

I.

Quand les grandes Claſſes ne ſont point complettes, elle avertit les premieres Maîtreſſes, environ un mois auparavant le changement des familles, du nombre des Demoiſelles qu'il faudra faire monter d'une Claſſe à l'autre.

II.

Auſſi-tôt aprés qu'elle a reçû la liſte des Demoiſelles qui doivent monter, elle la donne à la premiere Maîtreſſe de la Claſſe

à la

à laquelle elles sont destinées.

III.

A l'heure dont elle est convenuë avec les premieres Maîtresses, elle se rend aux Classes, nomme tout haut dans chacune les Demoiselles qui doivent monter à une autre Classe, & c'est la premiere Maîtresse qui les y conduit.

IV.

Quand il y a des Demoiselles de toutes les Classes à faire monter, on commence par celles de la Classe jaune.

V.

Elle fait le changement des Classes, dans le temps qu'on fait le renouvellement des familles.

Des nouvelles Communiantes, & de celles qui n'ont pas été confirmées.

XIV. Reglement.

Elle verra les Demoiselles qui

devront faire leur premiere Communion ; & avant qu'elles la faſſent, elle les préſentera à la Superieure, & les menera par ſon ordre au Superieur des Confeſſeurs pour les examiner.

USAGE.

I.

Cet examen ſe doit faire quelque temps avant celuy où elles doivent communier : la Maîtreſſe generale les garde ou les fait garder au Parloir.

II.

A la fin de l'examen elle marque ſur ſon Catalogue celles qui ont été trouvées aſſez inſtruites, & donne ce Catalogue à leur premiere Maîtreſſe.

III.

Quand il y a pluſieurs Demoiſelles qui n'ont pas été confirmées, elle en avertit la Superieure, & prend ſon ordre pour ſçavoir le temps qu'elles le pourront être ; elle en avertit les premieres Maîtresses, afin qu'elles les instruisent, & les fait examiner, comme il a été dit, pour la Communion.

DES LETTRES.

XV. Reglement.

Elle lira toutes les lettres qui sont adressées aux Demoiselles, & les leur fera rendre par leur premiere Maîtresse; elle recevra d'elle celles que les Demoiselles écriront; les cachetera d'un sceau different de celuy de la Communauté, aprés les avoir lûës, si elle le juge à propos.

XVI. Reglement.

Elle ne se servira jamais de ce sceau pour aucun autre usage.

USAGE.

I.

Elle lit plus ordinairement les

lettres qu'écrivent les Demoiselles des deux grandes Classes, principalement celles des plus âgées.

II.

Elle n'envoye point les lettres des Demoiselles, dans lesquelles elle a écrit, sans les montrer à la Superieure.

III.

Quand elle écrit pour les affaires des Demoiselles, elle ajoûte à sa signature, *Maîtresse generale des Classes.*

DU PARLOIR.

XVII. Reglement.

Elle donnera la permission de faire voir les Demoiselles à leurs parens dans les temps marquez, & elle aura soin qu'elles soient accompagnées au Parloir ; elle ne permettra point qu'on les voye en d'autres temps sans l'ordre de la Superieure.

USAGE.

I.

Le temps où on voit les Demoiselles, est pendant les huit jours qui suivent les quatre Fêtes annuelles, à commencer le lendemain de chacune de ces Fêtes : on ne leur permet guére d'aller au Parloir hors ces temps-là, que pour des parens proches & qui viennent de loin : l'on observe pour l'ordinaire que les visites soient courtes.

II.

On ne permet d'aller au Parloir que tres-rarement à celles qui sont à l'Infirmerie, & pour des cas particuliers, même dans les temps marquez.

III.

C'est elle qui garde ou fait garder les Demoiselles au Parloir hors les temps marquez ; elle les garderoit même dans ce temps-là si elle le jugeoit necessaire ; mais si c'étoit pour parler aux parens des Demoiſelles, elle en demanderoit permiſſion à la Superieure.

IV.

Quand les Demoiſelles, qui ont le ruban noir, vont au Parloir dans les temps marquez, elles y ſont gardées par les Maîtreſſes des Claſſes.

V.

Elle ne permet pas ordinairement aux Demoiſelles d'aller ſeules au Parloir ſans la permiſſion de la Superieure.

Ce qui regarde les Demoiſelles du ruban noir.

XVIII. Reglement.

Elle donnera, avec l'agrément de la Superieure, le ruban noir à celles dont la premiere Maîtreſſe ſera le plus contente, & dés-là elles ſeront deſtinées à aider dans les emplois de la Maiſon, ſous la conduite de la Maîtreſſe generale.

XIX. *Reglement.*

Ces Demoiselles seront tirées de la premiere & de la seconde Classe ; leur nombre ne passera pas celuy de vingt sans la permission de l'Evêque.

USAGE.

I.

L'âge où l'on donne le ruban noir aux Demoiselles, est ordinairement depuis dix-huit ans jusqu'à vingt, préferant toujours les plus fidéles, les plus pieuses, & d'un caractere sage & modeste.

II.

Elle prend l'avis de la Superieure, pour mettre les Demoiselles du ruban noir en charge : le temps qu'elle les laisse dans chacune, est ordinairement de trois mois.

III.

Elle évite avec soin qu'elles se

réünissent, si ce n'est en sa présence, ou de celle de quelque personne de confiance.

IV.

Elle fait ordinairement tous les trois mois le partage des Demoiselles du ruban noir entre les quatre Classes, pour y passer l'heure de la recreation, & les autres temps où elles ne seroient pas occupées par leurs Officieres; elle prend sur cela l'avis de la Superieure: elle place tant qu'il se peut ce partage dans le temps du renouvellement des familles.

V.

Elle va de temps en temps faire des visites dans les lieux où elles sont employées, & s'informe aux Officieres si elles en sont contentes.

VI.

C'est elle qui reçoit aux temps marquez la distribution de tout ce qui leur est necessaire, & garde toujours quelques provisions.

VII.

Quand elle veut aſſembler les Demoiſelles du ruban noir, elle fait attention à prendre des temps où elles ſoient moins neceſſaires aux Claſſes, comme, par exemple, les Dimanches, depuis deux heures juſqu'à trois; les jours ouvriers, depuis une heure juſqu'à deux, & ainſi de toutes les heures de profond ſilence, de chant & d'inſtruction publique; mais ſur tout elle évite de les prendre le Samedy.

Ce qui regarde la vocation des Demoiſelles.

XX. Reglement.

Sa principale attention ſera pour ce qui regarde la vocation des Demoiſelles qui ont le ruban noir, & le choix qu'elles doivent faire d'un état de vie.

X X I. Reglement.

A l'égard des Demoiselles des Classes, qui approchent de leur vingtiéme année, elle s'informe de leur premiere Maîtresse, dans quelle situation d'esprit elles sont, par rapport au parti qu'elles veulent prendre au sortir de saint Cyr, & voit avec elle ce qui pourroit leur convenir ; elle peut aussi aprés cela parler aux filles mêmes.

X X I I. Reglement.

Si elle trouve qu'elles ayent du panchant pour la vie Religieuse, elle tâchera de découvrir quels sont les motifs qui les portent au choix qu'elles voudroient faire ; combien il y a de temps qu'une telle pensée leur est venuë ; en quelle occasion elles ont commencé à l'avoir ; si depuis ce temps-là elles ont continué d'en être frappées, & sur tout si elles pensent à peu prés la même chose dans les temps de ferveur, & dans les temps de relâchement.

XXIII. *Reglement.*

Elle considerera encore plus si ce qu'elles se proposent a du rapport avec leurs talens naturels, leur santé, leur force, leurs inclinations, leur caractere d'esprit.

XXIV. *Reglement.*

Elle leur demandera ce qu'elles ont fait sur cela du côté de Dieu, par les prieres, par les Communions, par la communication avec les personnes qui ont soin de leur conscience; & au cas qu'elles n'eussent pas encore fait les démarches qu'elles doivent, elle les exhortera à les faire.

XXV. Reglement.

Quand elle s'appercevra qu'elles panchent vers un party, par des motifs trop foibles, ou faute d'une lumiere assez étenduë, elle pourra avec sagesse leur mettre devant les yeux l'état qui leur conviendroit le mieux, & leur en exposer les avantages; mais elle le fera avec beaucoup de moderation, & s'il s'agit de la Maison de saint Loüis, elle prendra garde de n'user ny de subtilitez ny de flateries pour les engager, persuadées que c'est à Dieu de donner la vocation, & que les plus excellens sujets seroient inutiles ou dangereux dans une Maison où Dieu ne les auroit pas appellez.

XXVI. Reglement.

Enfin, dans quelque situation d'esprit qu'elle les trouve, elle ne précipitera rien en une affaire si importante, & ne se laissera point prévenir par les empressemens, ny par l'adresse qu'auroient les filles à luy exposer leurs raisons ; mais elle prendra du temps pour examiner elle-même devant Dieu ce qui leur sera convenable, & elle priera beaucoup de son côté pour celles qui en auroient besoin.

XXVII. *Reglement.*

Lorsqu'elle en trouvera qui auront une veritable vocation pour la vie Religieuse, elle verra avec la Superieure les conseils qu'il sera à propos de leur donner, & si elles vouloient aller dans une des places que le Roy nomme, quelle place leur conviendroit le mieux.

XXVIII. *Reglement.*

Elle aura soin d'écrire exactement sur un Registre toutes les Abbayes & Prieurez qu'elle sçaura qui vacqueront, & où le Roy nommera des Abbesses ou Prieurez, afin de sçavoir par-là les places de Regale qu'il y aura à remplir.

XXIX. *Reglement.*

Lorsque les Abbesses ou Prieures seront nommées, elle s'instruira avec soin de l'état de leur Maison, pour pouvoir donner à chaque fille ce qui luy convient, & afin de n'en pas envoyer dans les Maisons où il ne seroit pas à propos d'en mettre.

XXX. *Reglement.*

Quand on aura déterminé pour chaque Demoiselle la place qu'on luy veut donner, la Maîtresse generale en écrira à celuy qui est chargé d'informer le Roy de ce qui regarde les Demoiselles; cette lettre doit être signée de la Superieure; on y doit marquer le nom de baptême, & le surnom des Demoiselles, avec le nom des places qu'on leur a destinées, surquoy on le priera de prendre l'ordre du Roy, pour en faire expedier les brevets.

USAGE.

I.

La Maîtresse generale rend compte de temps en temps à la Superieure des dispositions où elle trouve les Demoiselles par rapport à leur vocation.

II.

Elle fait voir à la Maîtresse des Novices, lorsque la Superieure le juge à propos, celles qui luy ont témoigné avoir envie d'être Religieuses dans la Maison; & quand on est convenu de les admettre, elle leur fait demander le Noviciat à genoux dans les lieux publics à la Superieure, & à la Maîtresse des Novices.

III.

Le jour qu'une Demoiselle doit demander le Noviciat au

Chapitre, la Maîtresse generale l'y conduit; & aprés que la Communauté est assemblée, elle entre, se met à genoux, les mains jointes devant la Superieure, & luy dit: Je vous supplie, ma Mere, & toute la Communauté, de me faire la grace de me recevoir au Noviciat pour en commencer les exercices. La Superieure luy ayant accordé sa demande, en charge la Maîtresse des Novices, & l'envoye devant le saint Sacrement.

IV.

Elle a soin de retirer les hardes, que cette Demoiselle n'emporteroit point si elle montoit d'une Classe à l'autre, & luy donne à la place celles que la Maîtresse des habits luy a destinées.

V.

Elle fait souvenir la Superieure de rendre au Roy les places de Regale qu'on ne veut point remplir.

VI.

Vers le temps que les Demoiselles

selles, qu'on a envoyées dans les places de Regale, doivent faire Profession, elle s'informe si elles l'ont faite, afin que si elles étoient sorties du Monastere, on y pût envoyer une autre fille.

Retraite annuelle des Demoiselles.

USAGE.

I.

La Maîtresse generale prend les ordres de la Superieure, pour le temps & la maniere de faire faire la retraite aux Demoiselles; & pour les secours extraordinaires dont elles peuvent avoir besoin pendant ce temps-là; elle en confere aussi avec les premieres Maîtresses des grandes Classes, & avec le Superieur des Confesseurs.

II.

Elle marque l'heure des exercices communs, après en être convenuë avec la Superieure, & celuy qui conduit la retraite.

laissant aux premieres Maîtresses le détail de l'ordre de journée chacune pour leur Classe.

III.

On peut, pendant la retraite, s'aider des Demoiselles des petites Classes, pour la lecture & le service du Refectoire.

Recreations des Demoiselles.

USAGE.

I.

Elle fait souvenir la Superieure de donner de temps en temps des recreations generales aux Demoiselles : on y joint ordinairement quelque petit regal.

II.

Elle leur donne la permission de parler au Refectoire, laissant aux premieres Maîtresses la disposition du reste de la journée ; elle en avertit dés la veille.

Ce qui regarde les Demoiſelles malades.

XXXI. *Reglement.*

Quand une Demoiſelle ſera dangereuſement malade, ou aura beſoin de quelque remede extraordinaire, ou devra recevoir ſes Sacremens à l'Infirmerie, la Maîtreſſe generale en avertira la Superieure.

XXXII. *Reglement.*

Si une Demoiſelle étoit attaquée d'une maladie incurable ou contagieuſe, la Maîtreſſe generale en avertira la Superieure, & prendra ſon ordre pour la rendre à ceux de qui on l'a reçûë : elle fera de même pour celles qui par leur mauvaiſe conduite ſe rendront indignes de demeurer dans la Maiſon.

USAGE.

I.

Elle va voir de temps en temps les Demoiselles malades à l'Infirmerie ; elle y va aussi quelquefois à l'heure du repas, voir ce qu'on leur sert ; & s'il leur manquoit quelque chose., elle le representeroit à la Superieure.

II.

C'est elle qui accompagne, autant qu'il se peut, les Prêtres qui vont administrer les Sacremens à l'infirmerie des Demoiselles.

III.

Quand les Demoiselles sont en danger de mort, elle les visite souvent, & les quitte le moins qu'elle peut dans le temps de leur agonie, lorsqu'elle peut leur être utile : si elles meurent, elle en avertit la Superieure, & ensuite la Sacristine, pour qu'elle le fasse sonner.

IV.

Elle donne de bonne heure à la Sacristine un Memoire, où est le nom & le surnom de la Demoiselle défunte; son âge, avec le nom de son pere & de sa mere, & leur qualité; elle luy marque aussi si la Demoiselle a reçû ses Sacremens.

V.

Lorsqu'elle est avertie qu'il y a des Demoiselles attaquées de la petite verole, ou de quelque autre maladie semblable, elle prend les ordres de la Superieure pour les faire separer des autres, & pour les personnes qui les doivent gouverner: si on les met à la petite Infirmerie, elle avertit la Maîtresse du garde-meuble d'y faire mettre des lits, & pourvoit à tout ce qui est necessaire pour y faire transporter les malades.

VI.

Elle donne tous les Samedis à la Dépensiere un billet du nombre de Demoiselles qui est à chaque Classe, distinguant celles qui sont à l'Infirmerie : elle luy marque aussi celles à qui il faut donner quelque chose de particulier dans la Semaine.

VII.

Elle reçoit de la Maîtresse de l'Infirmerie la liste des Demoiselles qui doivent manger gras les jours maigres; elle en envoye le nombre de chaque Classe à la Dépensiere, & en fait donner la liste aux Maîtresses.

Entrée des Demoiselles dans la Maison.

XXXIII. *Reglement.*

Quand il y aura des places vacantes entre les Demoiselles, elle en avertira la Superieure vers la fin de chaque mois, & luy portera à signer la lettre adressante à celuy qui en doit informer le Roy; elle y joint un état des places vacantes, certifié par la Superieure.

XXXIV. *Reglement.*

Elle aura ſoin pareillement de fournir les billets pour le Genealogiſte, & pour la femme prépoſée pour viſiter les Demoiſelles : elle donnera de ces billets ſignez de la Superieure, à ceux qui auront des Placets répondus favorablement par le Roy : elle écrira ſur un Regiſtre le nom de la Demoiſelle, & la datte des billets & des Placets.

XXXV. *Reglement.*

Elle n'envoye point les billets pour le Genealogiſte, ſans avoir vû les Placets répondus par le Roy, ou l'état des places qu'il a accordées.

USAGE.

I.

Si les Demoiſelles à qui le Roy a accordé des places dans la

Maison ne sont pas encore venuës dans le temps prescrit, elle employe leur place le mois suivant, dans l'état qu'elle doit envoyer pour être vû par le Roy.

II.

C'est la Maîtresse generale qui reçoit les Demoiselles à la porte; mais elle ne les fait point entrer qu'elle n'ait vû si le brevet du Roy pour leur entrée est en bonne forme.

III.

Elle voit les personnes qui les amenent; elle leur demande leur adresse, & s'informe d'elles si les Demoiselles qu'on luy donne ont été confirmées; & en les mettant entre les mains de leur premiere Maîtresse, elle l'en avertit, afin qu'elle marque sur son Catalogue celles qui ne l'ont pas été; elle le marque elle-même sur le sien.

IV.

Quand les Demoiselles sont entrées, elle les conduit devant le le saint Sacrement, & les présente ensuite à la Superieure, quand elle la peut trouver aisément; puis elle les met ou les fait mettre entre les mains de la premiere Maîtresse, ou de celle qui préside à la Classe à laquelle elles sont destinées.

V.

Elle avertit la Maîtresse des habits des Demoiselles de donner ce qu'il faut aux nouvelles venuës: on peut leur laisser porter quelques jours les habits qu'elles ont apportez, pour donner le temps de leur en faire, & on rend ordinairement à leurs parens tous leurs habits.

VI.

Elle écrit exactement sur le livre destiné à cet usage la datte du brevet de la Demoiselle, le jour qu'elle est entrée dans la Maison, son nom & son surnom, celuy du pere & de la mere, avec leur qualité, l'âge de la Demoiselle, son pays; son Diocese, le nom & l'adresse des personnes qui la donnent, & ce que l'on peut avoir de connoissance de sa famille; afin de sçavoir à qui s'adresser en cas de besoin.

VII.

Des papiers que le Genealogiste luy envoye, elle ne garde que le brevet, l'extrait baptistaire, & l'acte de cautionnement.

VIII.

Elle met dans un porte-feüille les brevets tout de leur grandeur, rangez par lettres alphabetiques; les extraits baptistaires, & les actes de cautionnement, pour y avoir recours au besoin.

IX.

Elle a des imprimez instructifs sur les qualitez que doivent avoir les Demoiselles pour pouvoir être admises dans la Maison; elle donne de ces imprimez aux Portieres pour ceux qui en viendroient demander.

X.

Elle est chargée de retirer des mains du Genealogiste les preuves des Demoiselles; elle les garde dans un porte-feüille, & quand elle en a un nombre suffisant pour faire un Tome, qui doit être ordinairement de cent preuves, elle les envoye au Genealogiste pour les faire relier. Lorsqu'il luy a envoyé le Livre, elle le donne à la Dépositaire.

XI.

Elle verifie le Memoire du Genealogiste, & arrête son compte; elle avertit la Dépositaire de le faire payer, & de faire retirer les preuves dont on luy fait le payement, s'il ne les a déja renduës.

Sortie des Demoiselles.

XXXVI. Reglement.

Lorsque les Demoiselles entrent dans la Maison, & lors qu'elles en sortent, la Maîtresse generale visite leurs paquets & leurs habits, pour voir si elles n'apportent ou n'emportent que ce qu'elles doivent : si les Demoiselles avoient quelque argent à elles, la Maîtresse generale le leur gardera, avec la permission de la Superieure.

USAGE.

I.

Elle avertit les parens des Demoiselles du party qu'elles veulent prendre, quelque temps avant celuy qu'elles doivent sortir, & les prie de venir exactement au temps prescrit pour les emmener.

II.

Quand on ne peut mettre une Demoiselle entre les mains de ses parens, ou de ceux qui luy en tiennent lieu, la Maîtresse generale pourvoit à la voiture pour la faire conduire, & a grand soin qu'on ne la confie qu'à des personnes seures, pour la mener jusqu'au lieu où elle doit aller.

III.

Si elle avoit quelque raison de

leur donner plus ou moins de hardes & de linge que ce qui a été reglé, elle prendroit les ordres de la Superieure.

IV.

Elle donne à la Maîtresse des habits des Demoiselles un état de celles qui doivent sortir chaque année, & luy marque le temps où elle leur doit donner leurs habits; s'il faut quelque chose de particulier pour quelqu'une, elle l'en avertit.

V.

Elle a toujours une provision de linge, & des autres choses qu'on leur donne ordinairement.

VI.

Elle présente les Demoiselles à la Superieure avant qu'elles sortent, les conduit à la porte, & les met entre les mains des personnes qui doivent les recevoir.

VII.

Elle leur rend leur extrait baptistaire, & le brevet du Roy

pour leur entrée : si elles meurent dans la Maison, ou qu'elles s'y fassent Religieuses, elle rend à leurs parens le brevet seulement, & marque sur la feüille de leur entrée les personnes à qui elle les rend.

VIII.

Elle a soin de marquer sur le Livre des entrées des Demoiselles le jour & l'année de leur sortie de la Maison, la vocation qu'elles embrassent, le lieu où elles vont, la personne à qui elle les a renduës. Si elles meurent dans la Maison, ou qu'elles s'y fassent Religieuses, elle l'écrit sur le même Livre.

IX.

C'est elle qui donne les Certificats de Noblesse des Demoiselles, de leur mort, de leur sortie, de leur résidence actuelle dans la Maison, en cas qu'on les demande : ils doivent être signez de la Superieure, d'elle & de la Secretaire : on y appose le sceau de la Maison.

X.

Quand les Registres, où elle écrit l'entrée & la sortie des Demoiselles, sont remplis & luy deviennent inutiles, elle les met au dépôt.

XI.

Au commencement de l'année elle donne à la Dépositaire un état des Demoiselles qui doivent sortir de la Maison dans le cours de l'année.

Memoire de ce qu'on donne ordinairement aux Demoiselles qui sortent de la Maison.

USAGE.

Six chemises.
Douze mouchoirs.
Six paires de chaussettes.
Douze paires de chaussons.
Six cornettes.
Quatre bonnets à cordon.
Quatre bonnets piquez.
Deux dentelles pour leur manteau.

Deux dentelles de bonnet.

Deux paires de bas de coton, ou de fil, en esté.

Une paire de bas de laine en hyver.

Un bon habit porté deux ou trois mois.

Un bon corps à peu prés du même temps.

Une robe de chambre.

Deux jupons.

Une paire de souliers.

Deux paires de gants.

Une coëffe.

Quatre aulnes de ruban ou environ : leurs peignes.

Une paire d'Heures.

Une Imitation, ou quelqu'autre bon Livre.

Un Chapelet.

Registres ou Memoires que doit avoir la Maîtresse generale des Classes.

USAGE.

I.

Un Livre où on écrit l'entrée & la sortie des Demoiselles.

II.

Un pour écrire la nomination qui se fait par le Roy aux Abbayes & aux Prieurez de filles, sur lequel on écrit aussi les Demoiselles qu'on a envoyées pour remplir les places de Regale.

III.

Un pour écrire la datte des Placets répondus favorablement par le Roy, & des billets qu'elle donne pour le Genealogiste.

IV.

Un Catalogue par lettres alphabetiques des noms des Demoiselles qui sont dans chaque volume de leurs preuves, afin que quand on veut celles de quelques-unes, on ne soit pas obligé de les voir toutes.

V.

Un autre petit Livre où sont toutes les adresses des parens des Demoiselles ; par lettres alphabetiques.

VI.

Elle tient un état du temps qu'on a donné le ruban noir à chaque Demoiselle.

DIVERSES FORMULES POUR REMPLIR LES PLACES VACANTES.

Etat des places à remplir dans la Maison de saint Loüis, établie à saint Cyr, vacantes par la mort ou la sortie des Demoiselles cy-aprés nommées.

Mademoiselle de N.... sortie le 24. Novembre 1699.
Mademoiselle de N.... morte le 18. Novembre 1699.

Le present Etat certifié veritable par nous N..... Superieure de la Maison de saint Loüis, établie à saint Cyr, ce...... *marquant le mois & l'année.*

Si quelques-unes des Demoiselles, à qui le Roy a accordé des places, n'est pas entrée au temps prescrit, on ajoûtera à cet Etat, avant le Certificat de la Superieure, ce qui suit.

Autres places vacantes, parce que les Demoiselles cy-aprés nommées ont laissé passer le temps qui leur avoit été accordé pour les remplir.

Mademoiselle de N...
Mademoiselle de N...

Le present Etat certifié veritable par nous S. N. Superieure, &c.

BILLET

Pour le Genealogiste.

Au nom de N. S. J. C.

De notre Maison de saint Loüis, le . . .

Nous prions Monsieur N. de faire les preuves de la Noblesse de Mademoiselle de N. en cas qu'elle ait plus de sept ans, & moins de douze ; qu'elle puisse entrer dans notre Maison avant trois mois, & qu'elle ait l'attestation de pauvreté par son Evêque Diocesain. *Ce Billet est signé par la Superieure.*

BILLET

Pour la Femme préposée pour visiter les Demoiselles.

Au nom de N. S. J. C.

De notre Maison de saint Loüis.

Nous prions Madame de N. de visiter Mademoiselle de N. &

si elle n'a ny maladie ny difformité qui l'empêche d'entrer dans notre Maison, d'en donner son témoignage. *Ce Billet est signé par la Superieure.*

DES CERTIFICATS.

Nous Superieure & Maîtresse generale des Classes de la Maison de saint Loüis, certifions que Mademoiselle de N. fille de Messire & de Dame de N. a été reçûë dans notre Maison le .... du mois .... de l'année .... & que les preuves de sa Noblesse, qui y ont été admises, sont en original dans notre dépôt. Fait à saint Cyr, ce ... du mois .... de l'année .... & scellé du sceau de notre Maison. *Ces Certificats sont signez par la Superieure, la Maîtresse generale des Classes, & contre-signé par la Secretaire.*

USAGE DES DEMOISELLES

qui portent le ruban noir.

I.

DE's qu'elles ont le ruban noir, elles sont sous la conduite de la Maîtresse generale, & n'ont plus pour leur conduite particuliere aucun rapport avec la Maîtresse de la Classe qu'elles quittent.

II.

Elles doivent comprendre que ce qui leur est principalement necessaire, c'est la fidelité, le secret, une conduite sage & reguliere, leur veritable esprit étant renfermé dans ces qualitez.

III.

Elles seront fidéles à ne point abuser de la permission qu'elles ont d'aller seules par la Maison, à ne point perdre leur temps à aller & venir inutilement : elles ne doivent point non plus aller dans les offices où elles ne sont point en fonction ; elles s'occupent de bonne foy dans leurs charges, sans s'amuser à parler aux personnes à qui elles n'ont que faire : il leur est sur tout défendu de parler, sans permission, aux personnes du dehors qu'elles pourroient rencontrer dans la Maison. Elles n'entrent point dans la salle de Communauté, dans le Noviciat, dans le Dortoir & le Refectoire de la Communauté ; ny dans l'Infirmerie, sans la permission de la Superieure.

IV.

Elles n'écrivent rien, sous quelque prétexte que ce soit, sans la permission de la Maîtresse generale, ou sans l'ordre de leurs Officieres.

V.

V.

Elles ne se rassemblent en aucun temps, non pas même pour la recreation, sans l'ordre de la Maîtresse generale.

VI.

Elles passent l'heure de la recreation, & les autres heures où elles ne sont pas occupées par leurs Officieres, dans la Classe que la Maîtresse generale leur marque, observant de s'occuper utilement aux familles où on les aura placées : elles ne s'absentent point des endroits où elles sont en fonction, sans la permission de celle qui y préside.

VII.

Elles ne vont point à l'Infirmerie, & ne demandent aucun remede ny soulagement sans la permission de la Maîtresse generale.

VIII.

Quand elles sont à l'Infirmerie, elles sont soûmises comme les autres Demoiselles à l'Infirmiere, excepté qu'elles demeurent toujours ſous la conduite de la Maîtreſſe generale, en ce qui regarde le ſpirituel, comme par exemple, la permiſſion de ſe confeſſer & de communier, &c.

IX.

Elles ſont toutes obligées de ſe préſenter au Tribunal de la Penitence une fois le mois, & le pourront faire plus ſouvent, avec la permiſſion de la Maîtreſſe generale.

X.

Si elles vont aux Confeſſeurs de la Communauté, elles font attention à prendre des temps qui n'interrompent point la Confeſſion de la Communauté.

XI.

Elles ne communient point ſans l'avis de leur Confeſſeur, & ſans la permiſſion de la Maîtreſſe generale.

XII.

Elles peuvent prendre, avec la permiſſion de la Maîtreſſe generale, tous les mois un jour pour parler à leur Confesseur.

XIII.

Toutes seront obligées de se présenter aux Confesseurs extraordinaires.

Ordre du jour.

I.

L'Heure ordinaire de leur lever est à cinq heures.

II.

Quand elles sont habillées elles viennent faire l'Oraison avec la Communauté ; elles assistent à Matines, & vont ensuite vacquer chacune à leurs fonctions, jusqu'à ce qu'il soit temps de venir à la Messe : le reste de la journée est employé selon l'ordre de leurs Officieres.

III.

Celles qui peuvent assister à l'Oraison de la Communauté l'aprés-dîner, & qui en ont la devotion, sont libres d'y venir.

IV.

Elles sont ponctuelles à se trouver aux exercices publics du Chœur & du Refectoire, à moins qu'elles ne soient retenuës par leurs Officieres.

V.

Les deux Demoiselles qui sont nommées pour veiller sur les autres, & qui ont la croix de distinction, seront fidéles à rendre compte à la Maîtresse generale de celles qui manquent d'exactitude, ou font quelqu'autre faute.

VI.

Elles font chacune la priere du soir dans la Classe où elles ont passé la recreation, & se retireront au plus tard à huit heures & demie dans leur Dortoir, pour être couchées à neuf heures.

USAGE DES INFIRMIERES DES DEMOISELLES.

I.

LA premiere Maîtresse de l'Infirmerie aura sous sa conduite toutes les choses qui y sont, & toutes les personnes, tant malades que convalescentes : celles qui y sont pour servir les malades auront rapport à elle.

Ce qui regarde les Demoiselles.

I.

ELle tient lieu de premiere Maîtresse aux Demoiselles qui sont à l'Infirmerie : elle a soin qu'elles y soient veillées & gardées comme aux Classes.

II.

Elle ne souffre point qu'on leur lise d'autres livres que ceux qui sont destinez à l'Infirmerie.

III.

Comme rien ne nuit tant aux Demoiselles que les entretiens qu'elles ont entr'elles, & qui sont encore plus dangereux à l'Infirmerie par le mêlange des Classes, elle a grand soin de tenir occupées celles qui le peuvent être, entre-mêlant leur journée de travail, de lecture, de jeux, d'exercices, comme d'apprendre à compter de memoire, le Catéchisme, &c. tout cela selon que leur état le permet.

IV.

Elle est exacte à empêcher que les Demoiselles n'aillent dans les ruelles des lits s'entretenir avec une compagne ou avec une malade, sous quelque prétexte que ce puisse être, sans en avoir obtenu la permission.

V.

Elle est fort reservée à permettre aux convalescentes de s'entretenir & de joüer avec celles qui sont au lit, à moins qu'elle ne les vît, ou qu'elle n'envoyât la Demoiselle du ruban noir avec elle.

VI.

Si par extraordinaire une Demoiselle avoit quelque bonne raison d'écrire à ses parens, elle corrigeroit ses lettres, & les donneroit à sa premiere.

VII.

Elle prend garde que la taille de celles qui demeurent longtemps à l'Infirmerie ne se gâte, & leur fait mettre leur corps dès qu'elles peuvent se lasser.

VIII.

Quoyqu'il ait été necessaire de regler l'heure ordinaire du repas, & qu'il ne faille pas la changer sans necessité, elle est cependant libre de l'avancer ou de la retarder pour le general, & pour quelque particuliere, selon qu'il convient à l'état des malades.

IX.

Comme le séjour de l'Infirmerie est pour l'ordinaire nuisible aux Demoiselles, & qu'il est à craindre qu'elles n'y oublient le peu qu'elles sçavent, & qu'elles ne perdent les bonnes habitudes qu'on tâche de leur faire prendre aux Classes, la premiere Infirmiere les y renvoye le plûtôt qu'il est possible, évitant de leur faire passer une longue convalescence à l'Infirmerie, & même quand elles auroient des incommoditez, ou des remedes à faire qui les feroient coucher à l'Infirmerie, elles ne laisseroient pas d'aller le jour à la Classe.

G

Ce qui regarde les Sœurs Converses.

I.

LEs Infirmieres des Demoiselles sont aussi les Infirmieres des Sœurs ; la premiere peut dispenser les Novices malades de dire leur Chapelet quand cela est necessaire ; s'il en falloit dispenser les Sœurs Professes, elle le dit à leur Maîtresse, qui demande la dispense à la Superieure : elle peut transposer la Communion des Sœurs quand cela est necessaire : elle fait attention que les simples Sœurs qui vont à la promenade soient avec quelques personnes de confiance.

Nourriture des malades.

I.

ELle demande à la Dépensiere la viande & les autres choses necessaires pour les malades.

II.

Elle donne ordinairement une livre de viande pour chaque personne, tant pour boüillir que pour rôtir, & une volaille de dix en dix : quand il y a peu de malades, une livre ne suffit pas; elle en demande davantage : s'il falloit quelque viande plus délicate à quelques-unes, elle prendroit sur cela les ordres de la Superieure.

III.

Elle n'use de distinction pour la nourriture que tres-rarement, tâchant de faire venir les Demoiselles peu à peu à la nourriture commune de l'Infirmerie, qui doit être bonne & solide.

IV.

Elle ne donne du vin que rarement aux Demoiselles, & si elle jugeoit que quelqu'une en eût extrémement besoin pour quelque temps, elle prendroit l'avis du Medecin.

V.

Quand elle a des infirmes qui

mangent maigre, elle est libre de leur faire préparer à la cuisine de l'Infirmerie ce qu'elle juge à propos, ou de demander à la Dépensiere le nombre de potages & de portions dont elle a besoin, & en ce cas elle l'en fait avertir avant chaque repas le plutôt qu'elle peut.

VI.

Quand il y a quelque Sœur Converse qui va manger au Refectoire, & qui a besoin de faire gras, elle en donne un billet à la Dépensiere.

Entretien du linge.

I.

VErs le temps de la visite des Officieres, elle fait mettre à part le linge qui ne peut plus servir, & donne un billet à la Maîtresse des Ouvrages, de la quantité de linge qu'il luy faut pour remplir son inventaire.

II.

Elle a toujours une provision de linge pour les besoins extraordinaires, dont son inventaire n'est pas chargé ; elle en fait un memoire particulier, & ne déchire point de ce linge sans en avertir la Maîtresse des Ouvrages.

III.

Elle a une autre provision de linge propre à déchirer, tant pour l'Infirmerie que pour l'Apoticairerie.

Chapelle de l'Infirmerie.

I.

Elle a soin que tout ce qui regarde la Chapelle soit en bon ordre pour les ornemens, le linge, les cierges, la lampe devant le saint Sacrement, &c.

II.

Elle demande tous les trois mois à la Sacristine le linge blanc pour la Chapelle : elle compte ce qu'elle en reçoit, & ce qu'elle luy rend de sale.

III.

Elle garde toutes les clefs de la Chapelle qui communiquent au dehors : elle ne les confie point aux Demoiselles du ruban noir, ny aux simples Sœurs, excepté qu'elle peut leur donner celles du tiroir pour passer les choses necessaires, pourvû qu'il n'y ait personne au dehors.

IV.

On a soin que tout soit prêt pour dire la Messe, & l'on passe ordinairement avant que le Prêtre soit venu tout ce qu'il faut passer au dehors.

V.

Ce sera toujours l'une des Infirmieres, ou la Sœur Professe, qui ouvrira la porte du dehors de la Chapelle ; elle se fera accompagner tant qu'il sera possible.

IV.

On n'ouvre point le guichet de la grille, lorsqu'il y a quelqu'un au dehors, sans avoir une accompagnante.

VII.

On ne laissera faire aucune fonction à la grille par les Demoiselles, ou par les simples Sœurs, lorsqu'il y aura quelqu'un au dehors, quand même il y auroit plusieurs personnes au dedans.

VIII.

Les châssis de la grille demeurent fermez, même pendant la Messe, hors le temps de l'Elevation.

IX.

Pendant qu'on nettoye la Chapelle en dehors, on la tient fermée en dedans.

X.

C'est la premiere Infirmiere qui garde les clefs du guichet & du châssis de la petite Infirmerie, quand il y a des malades, & lorsqu'il n'y en a plus, elle les rend à la Superieure.

De la frequentation des Sacremens.

I.

ELle peut permettre aux Demoiselles qui sont actuellement à l'Infirmerie de se confesser, & de communier comme elles feroient à leur Classe; mais pour celles qui vont passer une partie du jour à leur Classe, elle en laisse entierement leur conduite à leur premiere Maîtresse.

II.

Elle fait attention à placer la Confession des Convalescentes à des jours & à des heures qui n'interrompent pas celle de la Communauté ny des Classes.

III.

Elle peut permettre aux Demoiselles malades d'aller à d'autres Confesseurs qu'à ceux de leur Classe, lorsque cela peut éviter de la peine aux Confesseurs; mais lorsqu'elles en demandent par extraordinaire d'autres que les leurs, elle le demande à la Maîtresse generale, qui en parle à leur premiere Maîtresse.

IV.

Elle a soin de faire garder les Demoiselles qui se confessent par des personnes seures. Lorsque les Confesseurs extraordinaires sont arrivez, elle en avertit les malades ; s'il y en avoit au lit, elle feroit avertir la Maîtresse generale de faire entrer un Confesseur extraordinaire.

V.

Elle ne fait rester le saint Sacrement dans le Tabernacle, que lorsqu'il y a des malades à communier le lendemain, qui ne peuvent attendre à le faire à la Messe de l'Infirmerie.

VI.

Elle avertit le Prêtre, avant sa Messe, du nombre d'Hosties qu'il faut consacrer pour celles qui veulent communier à sa Messe : elle se souviendra que le Jeudy, Vendredy & Samedy

Saint on ne dit point de Messe à la Chapelle de l'Infirmerie, & qu'on n'y communie point.

VII.

Lorsqu'il est necessaire de faire administrer les Sacremens aux Demoiselles dans l'Infirmerie, elle en avertit la Maîtresse generale; si c'est une Sœur, elle en avertit la Maîtresse des Sœurs; si c'est pendant la nuit, elle va premierement à la Superieure.

VIII.

Elle a soin de préparer dans l'Infirmerie ce qui est necessaire pour l'administration des Sacremens.

DU RAPPORT de l'Infirmiere avec differentes personnes.

A la Superieure.

I.

COmme c'eſt à elle qu'on rend compte de tout ce qui a rapport à ſa charge, elle a ſoin auſſi de rendre compte de temps en temps à la Superieure de l'état des choſes.

II.

Quand il ſera aſſez évident qu'une malade doit faire gras un jour maigre, & qu'elle ne peut aller à la Meſſe un jour d'obligation, ou que le Medecin l'aura ainſi reglé, il ne ſera pas neceſſaire que l'Infirmiere recoure à la Superieure ; mais lorſque la choſe ſera douteuſe, & que le Medecin n'aura rien dit, elle la doit conſulter : elle en uſera de même pour le jeûne, par rapport aux Sœurs Converſes.

III.

Elle donne à la Superieure, avant le Carême, la liſte de celles que le Medecin à marquées pour faire gras.

Rapport à la Maîtreſſe generale des Claſſes.

I.

QUand il y a quelques maladies extraordinaires ou conſiderables ; qu'il faut faire quelques operations, ou donner quelques remedes importans à une Demoiſelle, comme le bain, les eaux, le lait, elle en avertit la Maîtreſſe generale.

II.

Elle luy envoye la liſte de celles qui doivent manger gras au Refectoire les jours maigres.

III.

Les malades ne vont point ordinairement à la Tribune, pour

les Saluts, grandes Messes, & autres ceremonies qui se font au Chœur ; mais la premiere Infirmiere peut pourtant les y mener à de certaines Fêtes, & dans quelques rencontres particulieres, avec la permission de la Maîtresse generale des Classes, pourvû que celles qui se trouveroient au lit, soient gardées par des personnes seures.

IV.

Il y a encore dans l'article des Sacremens, des choses dont elle l'avertit.

Rapport aux premieres Maitresses des Classes.

I.

AVant que d'envoyer une Convalescente aux Classes, elle a soin d'en donner avis à la Maîtresse de qui elle dépend, afin qu'elle luy envoye ses hardes.

II.

S'il y avoit quelque chose de particulier dans sa conduite, elle luy en rendroit compte ; par exemple, si elle avoit été longtemps sans se confesser, ou qu'elle eût donné beaucoup de peine par son humeur.

III.

Elle l'informe aussi des soulagemens dont les Demoiselles auroient besoin, & si le Medecin leur avoit ordonné de faire gras.

IV.

C'est ordinairement le Mercredy & le Samedy, aprés souper, qu'elle renvoye les Convalescentes à leur Classe, pour coucher & manger au Refectoire.

Rapport à la Maîtresse de l'Apoticairerie, & au Medecin.

I.

Elle demande tous les jours à l'Apoticairerie, autant qu'elle peut, par un billet les remedes dont elle a besoin.

II.

Elle peut demander le Medecin quand elle en a besoin ; & quand elle luy mande de venir, elle en avertit l'Infirmiere de la Communauté, & l'Apoticairesse : quand elle luy écrit, elle en avertit seulement l'Infirmiere de la Communauté.

III.

C'est elle qui est chargée de l'entrée du Medecin : elle écrit ordinairement ses ordonnances ; c'est elle qui l'accompagne dans les Infirmeries des Demoiselles & des Sœurs, & même aux Classes s'il y va : quand il n'est pas necessaire que le Medecin entre pour voir les malades, elle luy fait voir au Parloir celles qu'elle juge à propos.

IV.

Elle le prie de ne point ordonner tout haut les remedes de consequence, comme les eaux, le bain, le lait, &c.

Rapport à la Maîtresse des Sœurs Converses.

I.

QUand elle a besoin d'un plus grand nombre de Sœurs que celui de l'Infirmerie, soit pour veiller, soit pour le service des malades, elle en demande de bonne heure à la Maîtresse des Sœurs.

II.

Elle ne change pas pour long-temps les Sœurs de l'Infirmerie, des offices où elles ont été nommées, sans en parler à leur Maîtresse.

III.

Elle l'avertit quand quelque Sœur, qui va manger au Refectoire, a besoin de quelque chose de particulier.

IV.

Lorsqu'il faut faire aux Sœurs des remedes extraordinaires, ou qu'elles ont des maux considerables, elle en avertit leur Maîtresse ; comme aussi lorsqu'il leur faut administrer les Sacremens.

Des Sœurs qui servent à l'Infirmerie.

I.

Elle donne en compte aux Sœurs de son office les choses dont elle a jugé à propos de les charger : si elle les fait passer pour quelques jours d'un office dans un autre, elle en demeure toujours chargée.

II.

Elle peut faire reposer les Sœurs de l'Infirmerie, qui ont veillé auprés des malades.

III.

Elle charge de l'Infirmerie des Sœurs une des Sœurs qui servent à l'Infirmerie : quand il y en a quelques-unes de considerablement malades, elle a soin de mettre

mettre auprés d'elle une personne intelligente & soigneuse.

De la seconde Infirmiere.

I.

La Aide, en l'absence de la premiere Infirmiere, fera toutes les choses ordinaires.

II.

Elle observera exactement tout ce qui est prescrit à la premiere Infirmiere, pour la regularité de la Chapelle, pour la veille des Demoiselles, pour les faire garder, pour empêcher les entretiens particuliers entr'elles, & pour les tenir occupées.

III.

Elle ne prête aucun livre aux Demoiselles, si ce n'est l'Imitation.

IV.

Elle est particulierement chargée de la veille des Demoiselles, pendant que la premiere Infirmiere accompagne le Medecin, ou fait administrer les Sacremens.

Ce qui est commun aux Infirmieres.

I.

LES Infirmieres ne gardent point le silence à la rigueur avec les infirmes ; elles peuvent non-seulement leur dire ce qui leur est utile, mais même entrer avec sagesse & discretion dans ce qui peut les réjoüir quand elles en ont besoin.

II.

Elles ont soin de faire prier Dieu soir & matin celles qui sont en état de le faire.

III.

Elles peuvent prendre quelque chose le matin à l'Infirmerie à l'heure qui leur convient le mieux.

IV.

Elles peuvent se servir de la Suppléante sans permission pour les besoins de l'Infirmerie, &

pour les choſes reglées, comme la lecture du Refectoire, la retraite du Mois.

V.

Elles ſe trouvent ordinairement toutes deux à l'Infirmerie lorſque le Medecin y vient, & lorſqu'il faut adminiſtrer les Sacremens.

VI.

Elles viſitent ordinairement les malades le matin avant qu'on leur faſſe ou qu'on leur donne quelque remede.

VII.

Lorſque les convaleſcentes vont à la promenade, les deux Infirmieres ſe partagent ordinairement pour les mener au jardin, & pour garder celles qui reſtent à l'Infirmerie.

VIII.

Quand il n'y en a que quelques-unes, la premiere Infirmiere peut ſe ſervir de la Demoiſelle du ruban noir & de la Sœur Converſe-Profeſſe, pour faire garder les unes ou les autres.

IX.

Si elles sont obligées de sortir de l'Infirmerie des Demoiselles pour quelques momens, elles y laissent toujours quelqu'un de sûr à leur place.

X.

Les deux Infirmieres couchent alternativement par semaine à l'Infirmerie des Demoiselles; il y couche aussi une Sœur Converse, & une autre dans l'Infirmerie des Sœurs quand il est necessaire.

XI.

Vers huit heures trois quarts, l'Infirmiere qui couche à l'Infirmerie, fait la visite dans l'Infirmerie des Sœurs, à la Chapelle; à la cuisine, & dans tous les lieux qui dépendent de son office : lorsqu'il y a eu de la lumiere & du feu, elle ôte en même temps les clefs des portes des offices, & de celles qui communiquent au dehors de l'Infirmerie.

XII.

L'Infirmiere, & la Sœur qui couche à l'Infirmerie des Demoiselles, ne vont point à la Messe de minuit la veille de Noël, & la nuit du Jeudy Saint devant le saint Sacrement.

XIII.

L'Infirmiere qui est de Communauté doit avoir une vûë particuliere sur l'Infirmerie des Sœurs, & y aller de temps en temps, sur tout quand il y en a de considerablement malades.

Ordre du jour des Infirmieres.

I.

LEs deux Infirmieres se partagent pour assister alternativement aux exercices de la Communauté.

II.

La premiere Infirmiere demeure à l'Infirmerie le plus qu'elle peut, quand il y a des malades en danger.

Pour celle qui est de jour à l'Infirmerie.

I.

ELle commencera les jours ouvriers dés la veille à quatre heures & demie du soir, & à cinq heures les Dimanches; les Fêtes, les Samedis & les jours de jeûne à se rendre à l'Infirmerie: elle y soupe & y demeure pendant la recréation, fait la visite des malades, regle les choses ordinaires pour le lendemain, & se couche à l'heure de la Communauté autant qu'elle peut.

II.

Le lendemain elle demeurera à l'Infirmerie depuis cinq heures & demie, jusqu'à sept heures & demie.

III.

Elle assiste à l'Office, & à la Messe de Communauté.

IV.

A neuf heures elle retourne à l'Infirmerie, & y demeure jusqu'à dix heures ou dix heures & demie.

V.

A onze heures elle vient donner le dîné aux malades, aprés quoy elle dîne à l'Infirmerie & y demeure jusqu'à quatre heures & demie ou cinq heures : le Samedi elle peut ne point venir à neuf heures du matin.

Pour celle qui suit la Communauté.

I.

A Quatre heures & demie du soir, les jours ordinaires, & à cinq heures, les Fêtes, les Dimanches, les Samedis & les jours de jeûne, elle commence à suivre les exercices de la Communauté.

II.

Elle va à l'Oraison, à Vespres, au Refectoire & à la recréation.

III.

Le lendemain elle se trouve à l'Oraison & à Matines.

IV.

Elle entend la Messe de six heures & demie, aprés quoy elle va à l'Infirmerie & y demeure jusqu'à onze heures.

V.

A onze heures elle va au Refectoire & ensuite à la recréation; elle se trouve aussi au rapport des lectures, & du reste elle donne à l'Infirmerie tout le temps dont elle n'a pas besoin pour ses exercices; ce qui va ordinairement à une heure.

VI.

Elle peut prendre le temps de dire son office sur celuy de l'Assemblée.

VII.

Le Samedy elle peut ne retourner à l'Infirmerie l'aprés-midy, que lorsque l'autre Infirmiere doit s'en aller.

VIII.

Les Dimanches, les Fêtes, les trois jours qui précedent la Presentation, & les quatres derniers jours de la semaine Sainte, celle qui est de Commuuauté peut ne retourner à l'Infirmerie que lorsqu'elle est obligée de relever l'autre.

FIN.

www.ingramcontent.com/pod-product-compliance
Ingram Content Group UK Ltd.
Pitfield, Milton Keynes, MK11 3LW, UK
UKHW022100260726
13993UKWH00001B/236